RICHTIG ESSEN

Vollwertig genießen nach den Richtlinien der Deutschen Gesellschaft für Ernährung

Deutsche Gesellschaft für Ernährung e.V.

RICHTIG ESSEN

UMSCHAU : BRAUS

Inhalt

Vorwort

Vollwertig essen – so einfach wie nie

Eine vollwertige Ernährung ist eine Voraussetzung für Gesundheit und volle Leistungsfähigkeit des Menschen. Sie enthält eine angemessene Menge an Energie und lebensnotwendige Nährstoffe in ausreichender Menge, um den einzelnen vor ernährungsbedingten Gesundheitsschäden zu schützen und ihm die Voraussetzung für seine volle Leistungsfähigkeit zu geben. Die von der Natur zur Verfügung gestellten Lebensmittel sind aufgrund ihres Aussehens, ihres Geschmacks und ihrer Zusammensetzung die beste Quelle für Energie und Nährstoffe zur Ernährung des Menschen. Daß bei der Produktion dieser Lebensmittel die Umwelt geschont und mit den Energievorräten rationell umgegangen werden muß, ist heute eine zwingende Notwendigkeit.

Bereits im Jahr 1956, kurz nach ihrer Gründung, hat die Deutsche Gesellschaft für Ernährung (DGE) 10 Regeln für eine richtige Ernährung aufgestellt, deren Formulierungen auch von heute stammen könnten. Bereits damals wurde zu weniger Fett geraten, wurden Lebensmittel pflanzlicher Herkunft in den Mittelpunkt der Ernährung gestellt, Vollkornerzeugnisse wegen des Ballaststoffgehalts empfohlen und eine schonende und werterhaltende Zubereitung angeraten. Darunter verstand man damals wie heute die in der Satzung der DGE von 1953 nachzulesende vollwertige Ernährung.

Um die heutigen Ernährungsgewohnheiten zu verbessern, müßte sowohl die Energiezufuhr vermindert als auch die körperliche Aktivität erhöht werden. Zur Sicherung der Zufuhr von Vitaminen, Mineralstoffen und Ballaststoffen in ausreichenden Mengen sollte die Auswahl der Lebensmittel von raffinierten zu mehr unveränderten Lebensmitteln und von Lebensmitteln tierischer Herkunft zu mehr Lebensmitteln pflanzlicher Herkunft verändert werden. Alternativ würzen und essen mit Phantasie bringen den natürlichen Eigengeschmack der Lebensmittel zur Geltung, sind Fürsorge für die Bedarfsdeckung und Vorsorge vor der Chemie in der Nahrung. Die praktische Umsetzung dieser Prinzipien hat die Deutsche Gesellschaft für Ernährung in ihren „10 Regeln für eine vollwertige Ernährung" niedergelegt.

Eine weitere Hilfe bietet der DGE-Ernährungskreis; aus jedem seiner Segmente sollten täglich Lebensmittel verzehrt werden. Damit kann die in den Empfehlungen zur Nährstoffzufuhr der DGE festgelegte pro Tag wünschenswerte Zufuhr der einzelnen Nährstoffe erreicht werden. Die Ernährungsberichte der DGE haben in vierjährigem Abstand seit 1968 aufgezeigt, daß das größte Risiko für die Gesundheit des Menschen die ernährungsmitbedingten Krankheiten sind. An zweiter Stelle folgen mit weitem Abstand Lebensmittelvergiftungen und an dritter Stelle schließlich natürliche Gifte in Lebensmitteln. Erst an vierter Stelle reihen sich die Fremdstoffe in der Nahrung ein.

Aus diesem Grund wird in den „10 Regeln der DGE für eine vollwertige Ernährung" besonderes Augenmerk auf die Vermeidung der klassischen ernährungsmitbedingten Krankheiten, wie Fettsucht, Diabetes mellitus, Hypercholesterinämie etc., aber auch auf die ausreichende Versorgung mit Vitaminen, Mineralstoffen und Spurenelementen gelegt. Die Qualität der Lebensmittel in unserem Land war noch nie so hoch wie heutzutage, dies beweisen die Aufzeichnungen vergangener Jahrzehnte und historische Quellen vergangener Jahrhunderte. Es kommt nur darauf an, aus der Vielfalt des Angebotes die richtige Auswahl zu treffen und sich nach den 10 Regeln der DGE vollwertig zu ernähren. Das vorliegende Buch liefert Ihnen hierfür wertvolle Unterstützung.

Professor Dr. med. Günther Wolfram
Präsident der Deutschen Gesellschaft für Ernährung e. V.

Vollwertig essen und trinken

10 Regeln der DGE

1. **Vielseitig – aber nicht zu viel**
   Abwechslungsreiches Essen schmeckt und ist vollwertig.
2. **Wenig Fett und fettreiche Lebensmittel**
   Denn zuviel Fett macht fett.
3. **Würzig, aber nicht salzig**
   Kräuter und Gewürze unterstreichen den Eigengeschmack der Speisen.
4. **Wenig Süßes**
   Zu süß kann schädlich sein.
5. **Viel Vollkornprodukte**
   Sie liefern wichtige Nährstoffe und Ballaststoffe.
6. **Reichlich Gemüse, Kartoffeln und Obst**
   Diese Lebensmittel gehören in den Mittelpunkt Ihrer Ernährung.
7. **Wenig tierisches Eiweiß**
   Pflanzliches Eiweiß ist so wichtig wie tierisches Eiweiß.
8. **Trinken mit Verstand**
   Ihr Körper braucht Wasser, aber keinen Alkohol.
9. **Öfters kleinere Mahlzeiten**
   Das bringt Sie in Schwung und mindert Leistungstiefs.
10. **Schmackhaft und schonend zubereiten**
    Garen Sie kurz, mit wenig Wasser und Fett.

Vollwertige Kost macht Spaß, schmeckt und hält fit

Nach Wunsch und Geschmack können Sie aus einem reichhaltigen Angebot frischer Lebensmittel abwechseln und kombinieren. Ihrer Phantasie und Kreativität sind keine Grenzen gesetzt, vor allem wenn es darum geht, Mahlzeiten aus knackigem Gemüse und Obst, Getreide, Kartoffeln, Hülsenfrüchten, Milch und Milcherzeugnissen (z. B. Käse und Quark) zu kreieren. Es gibt keine Verbote – höchstens Empfehlungen. Sie müssen nicht auf „Liebgewordenes" verzichten. Fleisch und Wurst können Sie weiterhin in angemessenen Mengen, Kuchen und Naschereien wie Süßigkeiten, Schokolade, Nüsse oder Trockenobst in kleinen Mengen genießen.

Vollwertige Kost ist nicht nur abwechslungsreich und schmackhaft. Sie trägt auch dazu bei, Ihre Abwehrkräfte zu stärken und Sie beispielsweise vor Infektionskrankheiten, Fettstoffwechselstörungen, Diabetes mellitus, Bluthochdruck, Herzinfarkt, Schlaganfall, Gicht, Darmerkrankungen und Krebs zu schützen.

Die vollwertige Kost setzt sich überwiegend, das heißt zu 2/3 der täglichen Nahrung, aus pflanzlichen Lebensmitteln zusammen (s. DGE-Ernährungskreis S. 14/15). Sie ist fettarm und reich an Stärke, Ballaststoffen, Vitaminen, Mineralstoffen und sekundären Pflanzenstoffen (s. S. 21).

Täglich gibt es reichlich Getreideerzeugnisse aus Vollkorn. Frisches Gemüse und Obst, möglichst roh, können Sie essen so oft und viel Sie möchten. Kartoffeln und Hülsenfrüchte, die lange Zeit in Vergessenheit geraten waren, kommen bei der vollwertigen Kost wieder häufiger auf den Tisch. Daß die Lebensmittel schonend verarbeitet werden, versteht sich von selbst.

Täglich gehören dazu: reichlich alkoholfreie, ungesüßte bzw. wenig gesüßte Getränke, genügend fettarme Milch und/oder Milcherzeugnisse wie Käse, Joghurt oder Quark sowie kleine Mengen hochwertiges Pflanzenöl.

Fisch, fettarmes Fleisch, fettarme Wurst und Eier stehen dagegen nicht jeden Tag auf dem Speiseplan. Eine vollwertige Kost ist sogar ohne Fleisch und Wurst möglich.

Grundsätzlich gibt es für Sie keinen zwingenden gesundheitlichen Anlaß, solche Lebensmittel von Ihrem Speisezettel zu verbannen, die nicht aus dem ökologischen Landbau stammen oder die industriell verarbeitet wurden.

Eine vollwertige Kost setzt sich jedoch vorwiegend aus frischen Lebensmitteln zusammen. Wenn Sie Erzeugnisse aus dem ökologischen oder integrierten Landbau bevorzugen, tragen Sie damit gleichzeitig zum Umweltschutz bei und unterstützen den Erhalt kleinbäuerlicher Betriebe.

Vollwertige Kost ist weder teuer noch besonders arbeits- und zeitaufwendig.

Das richtige Maß

Körper und Geist fühlen sich nur dann wohl, wenn auch die Nahrungsmenge stimmt. Sowohl zu viel als auch zu wenig kann schaden.

Essen Sie ständig zu viel, kann das zu Übergewicht, zu Leistungs- und Konzentrationsschwäche, zu Beschwerden im Bewegungsapparat, zu Kurzatmigkeit, zu Herz-Kreislaufstörungen und zu Stoffwechselkrankheiten führen.

Die ersten Anzeichen für Mangel- und Unterernährung können anhaltende Müdigkeit, Konzentrations- und Leistungsschwäche sowie Infektionsanfälligkeit sein.

Mit einer vollwertigen Kost, die Ihrem persönlichen Energieverbrauch angepaßt ist, können Sie vorbeugen. Keine Sorge: Dazu müssen Sie nicht täglich ein Ernährungstagebuch führen und Kalorien zählen. Es geht wesentlich einfacher. Hin und wieder ein Blick in den Spiegel, auf die Paßform Ihrer Garderobe und auf die Waage genügen schon. Ihre Figur bzw. Ihr Körpergewicht ist eine Orientierung für die richtige Energiezufuhr.

Wünschenswertes Gewicht

Bisher wurde das wünschenswerte Gewicht (Sollgewicht) mit der sog. BROCA-Formel berechnet:

Körpergröße (cm) –100	**=**	**Sollgewicht (kg)**
Beispiel: 165 (cm)–100	**=**	**65 (kg)**

Diese Berechnung wird allerdings besonders großen und kleinen Personen nicht gerecht.

Darum wendet man heute für Erwachsene den sog. BMI (Body Mass Index oder Körpermassenindex) an. Er stimmt relativ eng mit dem Fettgehalt des Körpers bzw. der Hautfaltendicke überein. Der BMI läßt eine breite Spanne zu, in der Ihr persönliches Gewicht liegen kann.

Körpergewicht (kg) : Körperlänge (m)^2 = BMI
Beispiel: 67 (kg) : 1,67 (m) x 1,67 (m) = 24

Überprüfen Sie, ob Ihr Körpergewicht zu hoch, zu niedrig oder gerade richtig ist:

BMI für Frauen: 19 bis 24 **BMI für Männer: 20 bis 25**

Ist Ihnen die Berechnung Ihres BMI zu schwierig, können Sie sich auch an folgender Tabelle orientieren, die nach dem BMI erstellt wurde.

Wünschenswertes Gewicht

Körperlänge (cm)	Männer	Frauen
150	45 - 56 kg	43 - 54 kg
155	48 - 60 kg	46 - 58 kg
160	51 - 64 kg	49 - 61 kg
165	54 - 68 kg	52 - 65 kg
170	58 - 72 kg	55 - 69 kg
175	61 - 77 kg	58 - 74 kg
180	65 - 81 kg	62 - 78 kg
185	68 - 86 kg	65 - 82 kg
190	72 - 90 kg	69 - 87 kg
195	76 - 95 kg	72 - 91 kg

Liegt Ihr Körpergewicht an der oberen Grenze oder darüber, lassen Sie vorsorglich regelmäßig von Ihrem Arzt Blutdruck, Harnsäure-, Blutzucker- und Blutfettwerte überprüfen. Er wird entscheiden, ob und wieviel Sie aus gesundheitlichen Gründen abnehmen sollten. Eine Gewichtsüberschreitung von 20 Prozent nach Broca bzw. ein BMI über 30 ist auf jeden Fall behandlungsbedürftig.

Liegt Ihr Körpergewicht längere Zeit unter dem unteren Grenzwert, kann es zu einem kritischen Energie- und Nährstoffmangel kommen. Untergewicht darf darum nicht unbehandelt bleiben. Suchen Sie in einem solchen Fall Rat bei Ihrem Arzt. Eine Ernährungsberaterin bei speziellen Beratungseinrichtungen und Selbsthilfegruppen für Eßprobleme helfen Ihnen weiter (z. B. Dick & Dünn, Beratung bei Ess-Störungen e. V., Innsbrucker Straße 25, 10825 Berlin, Tel. 0 30-8 54 49 94).

Was Sie für Ihr Wohlbefinden tun können

- Essen Sie vollwertig.
- Essen Sie mit Freude und Genuß.
- Nehmen Sie sich Zeit fürs Essen.
- Genießen Sie die Mahlzeiten in möglichst angenehmer Atmosphäre.
- Reagieren Sie stärker auf Hunger, Durst und Sättigung als auf Lust und Laune.
- Nutzen Sie jede Gelegenheit zu Bewegung und treiben Sie regelmäßig Sport.

Der DGE-Ernährungskreis

Ihre Checkliste für jeden Tag

Im DGE-Ernährungskreis sind die Grundlebensmittel, die zu einer vollwertigen Ernährung gehören, in sieben Gruppen eingeordnet:

Gruppe 1: Getreide, Getreideerzeugnisse, Kartoffeln
Gruppe 2: Gemüse und Hülsenfrüchte
Gruppe 3: Obst
Gruppe 4: Getränke
Gruppe 5: Milch und Milcherzeugnisse
Gruppe 6: Fisch, Fleisch, Wurst und Eier
Gruppe 7: Fette (Butter, Pflanzenmargarine und -öl)

Die unterschiedlich großen Kreisfelder zeigen die Bedeutung der Gruppe für eine vollwertige Ernährung.

Jede Lebensmittelgruppe versorgt Sie mit lebensnotwendigen Stoffen, sog. Nährstoffen (= Eiweiß, Fett, Kohlenhydrate, Vitamine, Mineralstoffe, Ballaststoffe und Wasser), in unterschiedlicher Menge. So enthalten z. B. Milch und Käse reichlich Eiweiß, Calcium und Vitamin A, während Getreide, insbesondere Vollkornerzeugnisse, hauptsächlich Kohlenhydrate bzw. Stärke, Ballaststoffe und Vitamin B_1 liefert. Jeder Nährstoff hat bestimmte, wichtige Funktionen in Ihrem Körper und entscheidet mit über Ihre Gesundheit, Ihre geistige und körperliche Leistungsfähigkeit.

Auf einen Blick – der DGE-Ernährungskreis in der Praxis

Wählen Sie aus allen sieben Gruppen nach der vorgegebenen Gewichtung:

- **reichlich** aus den Gruppen 1 bis 4
- **ausreichend** aus der Gruppe 5
- **wenig** aus den Gruppen 6 und 7
  (genaue Verzehrempfehlungen s. Tabelle S. 62)

Wechseln Sie innerhalb der Gruppen ab, z. B. bei der Auswahl der Getreide-, Gemüse- und Obstsorten. Essen Sie auch Fisch-, Fleisch-, Ei- und vegetarische Gerichte im Wechsel.
Achten Sie beim Einkauf auf die Frische der Lebensmittel.
Schonen Sie Vitamine und Mineralstoffe durch richtiges Lagern, Verarbeiten und Garen (s. S. 23).
Essen Sie möglichst fünf kleine Mahlzeiten am Tag. Das hält Sie vom Morgen bis zum Abend fit und ist vorteilhaft für Verdauung und Stoffwechsel.

7
1
6
2
MAIS
3

Getreide, Getreideerzeugnisse und Kartoffeln

Getreide – die wichtigste Energie- und Ballaststoffquelle

Getreide ist weltweit das wichtigste Grundlebensmittel und eine gute, preiswerte Energiequelle. Es liefert vor allem wertvolle Kohlenhydrate, Ballaststoffe und Eiweiß, wichtige ungesättigte Fettsäuren, B-Vitamine, Folsäure, Vitamin E, Magnesium, Eisen und Calcium.

In Deutschland hat das Getreide mit aufkommendem Wohlstand zugunsten von tierischen Lebensmitteln leider an Bedeutung verloren. Das hat mit zur Zunahme von Übergewicht und ernährungsmitbedingten Krankheiten wie Fettstoffwechselstörungen, Diabetes mellitus, Gicht, Bluthochdruck, Herz-Kreislauf-, Darm- und Tumorerkrankungen beigetragen.

Insbesondere ein geringer Verzehr von Vollkornerzeugnissen mit ihrem hohem Anteil an Ballaststoffen ist u. a. mitverantwortlich für die Entstehung von Verstopfung, Darmerkrankungen und Darmkrebs. Denn: Ballaststoffe halten den Darm auf Trab. Sie binden Wasser, der Speisebrei quillt auf und regt den Darm zu mehr Bewegung an. Der Darminhalt (samt krebsfördernder Stoffe) wird dadurch schneller transportiert und ausgeschieden.

Darmerkrankungen können Sie vorbeugen mit mindestens 30 Gramm Ballaststoffen und mindestens 1 1/2 Liter Flüssigkeit am Tag sowie mit viel Bewegung. Die Hälfte der Ballaststoffe sollte aus Getreide stammen. Diese sind besonders verdauungsfördernd.

TIP:

In vier Scheiben Vollkornbrot steckt bereits die empfohlene Menge Getreideballaststoffe von 15 Gramm. Die restliche Ballaststoffmenge kommt aus Gemüse, Hülsenfrüchten, Kartoffeln und Obst, insbesondere Beerenobst, sowie aus Trockenobst und Nüssen.

Übrigens:

Ballaststoffe, insbesondere die in Obst, Gemüse und Hafer, senken den Cholesterinspiegel bzw. das „böse" LDL-Cholesterin im Blut. Außerdem halten sie lange satt und fit.

TIP:

Kommen Sie auf den intensiven typischen Geschmack von Hirse, Dinkel, Grünkern, Buchweizen oder Mais. Als ganzes Korn, geschrotet oder gemahlen, lassen sich diese Getreidesorten zu köstlichen Beilagen, Aufläufen, Bratlingen, Pfannkuchen und Salaten verarbeiten (s. Rezepte).

„Vollkornbrot macht Wangen rot"

Die bekanntesten Getreidesorten sind: Weizen, Roggen, Gerste, Reis, Hafer, Hirse, Mais, Dinkel oder Grünkern (= unreifer, gerösteter Dinkel). Buchweizen ist zwar ein Knöterichgewächs, wird aber wegen seiner kornähnlichen Früchte und seiner Zusammensetzung zu den Getreidesorten gezählt.

Getreide kann zu Schrot, Graupen, Grütze, Grieß und Mehl verarbeitet werden. Je weniger das Korn bearbeitet ist und je mehr Kornbestandteile ein Getreideerzeugnis (z. B. Brot) enthält, desto höher ist auch sein Vitamin-, Mineral- und Ballaststoffgehalt, wie folgende Tabelle zeigt:

Nährstoffgehalt des Weizenkorns und verschiedener Weizenerzeugnisse

100 g eßbarer Anteil	Eiweiß g	Fett g	Kohlenhydrate g	Ballaststoffe g	Eisen mg	Calcium mg	Magnesium mg	Vit. B_1 µg	Vit. B_2 µg	Folsäure µg
Weizen ganzes Korn	12	2	61	10,3	3,3	38	128	459	107	87
Weizenmehl Type 1700	11	2	60	12,9	4,0	41		470	170	50
Weizenmehl Type 1050	11	2	67	5,2	2,9	14	53	430	70	22
Weizenmehl Type 405	10	1	71	4,0	1,5	15		60	30	10
Weizengrieß	10	1	69	7,1	1,0	17		120	38	
Weizenkeime	27	9	31	17,7	8,0	69	250	2000	720	520
Weizenkleie	15	5	17	45,4	3,6	43	590	650	510	195

Quelle: S. W. Souci, W. Fachmann, H. Kraut: Die Zusammensetzung der Lebensmittel. Nährwerttabellen. medpharm GmbH Scientific Publishers, Stuttgart, 5. Aufl. 1994

Unterschied zwischen Vollkornmehl und Auszugs- bzw. Weißmehl

Beim Vollkornmehl wird das ganze Korn verarbeitet. Nur 0,5 Prozent der äußeren Schale (und mit ihr Schmutz, mögliche Schadstoffe und Pilze) werden bei der Reinigung entfernt. Bei der Weißmehlherstellung gehen Schalen, Aleuronschicht und Keimling und damit auch viele wertvolle Bestandteile des Korns verloren.

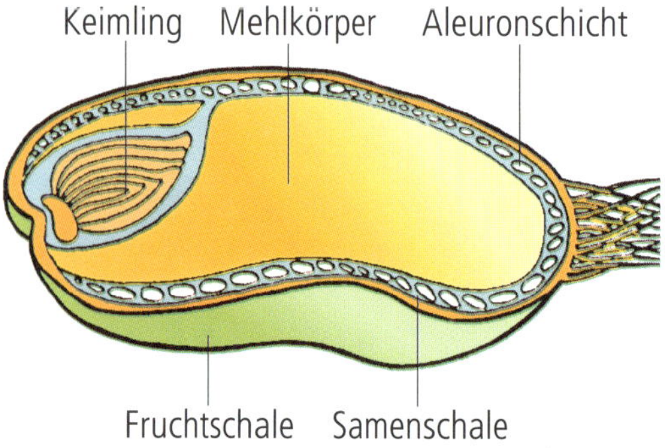

Je mehr Kornbestandteile verarbeitet werden, d. h. je höher der Ausmahlungsgrad ist (Vollkornmehl und Schrot = 100 %), desto höher ist der Vitamin-, Mineral- und Ballaststoffgehalt.

Bei Roggen- und Weizenmehl können Sie den Ausmahlungsgrad an der Mehltypennummer auf der Packung erkennen. Eine hohe Mehltypennummer bedeutet hohen Ausmahlungsgrad und hohen Mineralstoffgehalt. Beispielsweise sind in 100 g Weizenmehl Type 405 insgesamt 405 mg Mineralstoffe und in 100 g Weizenmehl Type 1050 insgesamt 1050 mg Mineralstoffe enthalten.

Handelsübliche Mehltypen

Vollkornmehl hat keine Typennummer. Backschrot ist kein Vollkornerzeugnis, da es keinen Keimling mehr enthält.

Roggen	Weizen
Vollkornmehl	Vollkornmehl
1800 Backschrot	1700 Backschrot
1370 Mehl	1050 Mehl
1150 Mehl	812 Mehl
997 Mehl	550 Mehl
815 Mehl	405 Mehl

Vollkornerzeugnisse mit kürzerer Haltbarkeit

Vollkornschrot, -grieß, -flocken und -mehl, Vollkornnudeln oder Naturreis verderben schneller als Weißmehl, Weißmehlerzeugnisse und geschälter Reis. Grund: Das wertvolle Fett aus dem Keimling und den Randschichten des Getreidekorns wird schnell ranzig und bitter. Weißmehl dagegen ist nahezu fettfrei.

TIP:

Nicht jedes dunkle, schwarze oder körnige Brot ist ein Vollkornbrot. Lassen Sie sich davon nicht täuschen. Brot kann man auch mit Malzextrakt dunkel und mit Sonnenblumenkernen körnig machen, während Vollkornbrot aus feingemahlenem Vollkornmehl hergestellt und nur leicht dunkel sein kann. Wenn Sie unsicher sind, fragen Sie besser den Händler bzw. Bäcker nach Vollkornbrot.

Vollkornmehl und -schrot halten sich etwa 4 bis 6 Wochen, Backschrot 2 bis 3 Monate und Weißmehl mindestens 1 Jahr und länger (s. Mindesthaltbarkeitsdatum auf der Verpackung).

TIP: Vollkornerzeugnisse nicht horten. Nur pfund- oder kiloweise einkaufen und so bald wie möglich verarbeiten. Trocken, kühl und gut verschlossen lagern. Offene Packungen rasch verbrauchen oder gut verschlossen im Kühlschrank aufbewahren.

Hochwertiges Vollkornschrot und -mehl aus dem Handel?

Sachgemäß, d. h. möglichst trocken und kühl aufbewahrt und nicht überlagert, können Schrot und Mehl aus dem Handel ebenso hochwertig wie selbst hergestelltes Schrot und Mehl sein.

Hygiene beim Einweichen und Keimen von Getreide

Feuchtigkeit und Wärme sind ideale Bedingungen für die Entwicklung und Vermehrung von Bakterien und Schimmelpilzen. Darum ist es nicht ratsam, Getreidekörner, Hülsenfrüchte und Samen über Nacht bei Zimmertemperatur und auf feuchten Tüchern oder Papier zu keimen. Besser ist das Keimen im Glas oder in speziellen Keimgeräten. Nur kurzfristig (ca. 3 Stunden) können Sie geschrotetes Getreide bei Zimmertemperatur in Wasser quellen lassen. Wenn Sie geschrotetes Getreide aber über Nacht einweichen wollen, stellen Sie es besser in den Kühlschrank. Beim Einweichen von Getreideschrot hemmen außerdem Sauermilcherzeugnisse das Bakterienwachstum.

TIP: Keimlinge vor dem Verzehr 5 Minuten blanchieren, um Bakterien abzutöten und Hämagglutinine (Eiweißstoffe), die ein Zusammenballen oder Verklumpen der roten Blutkörperchen bewirken, zu zerstören.

Blähungen durch ballaststoffreiche Kost?

Bei der Umstellung auf eine ballaststoffreiche Kost kann es in den ersten Tagen zu vermehrter Bildung von Darmgasen bzw. Blähungen und Völlegefühl kommen. Steigern Sie darum den Verzehr von Getreidekörnern oder Vollkornerzeugnissen und von Hülsenfrüchten und Kohl langsam und in kleinen Mengen. Stellen Sie Ihre Ernährung nicht sofort und vollkommen auf Vollkorn um, sondern geben Sie Magen und Darm Zeit, sich an die Arbeit mit dem „Ballast" zu gewöhnen. Kauen Sie gut und trinken Sie viel. Die Flüssigkeit ist wichtig für die Quellung der Ballaststoffe im Darm und die Gleitfähigkeit des Stuhls. Es kann sonst zu Verstopfung und im Extremfall zu Darmverschluß kommen.

Kartoffel – vom Dickmacher zum Fitmacher

Die Kartoffel war früher Hauptbestandteil vieler warmer Mahlzeiten. Wie das Getreide wurde auch sie mit aufkommendem Wohlstand zugunsten von Fleisch vom deutschen Teller verdrängt. Hinzu kommt, daß weniger frische Kartoffeln und mehr verarbeitete Produkte wie Pommes frites, Rösti, Klöße, Püree etc. gegessen werden. Insgesamt hat diese Entwicklung mit zur Zunahme von Übergewicht und ernährungsmitbedingten Krankheiten beigetragen.

Die Kartoffel hat viele Vorzüge. Sie ist relativ preiswert und vielseitig zuzubereiten. Sie sättigt gut, ist kalorienarm und liefert viele wichtige Inhaltsstoffe wie Stärke und Ballaststoffe, wertvolles Eiweiß, Vitamin B_1 und C, Kalium und Eisen. Der Vitamin- und Mineralstoffgehalt der Kartoffel hängt von Sorte, Frische beim Verzehr und Verarbeitung ab. Vitamine und Mineralstoffe können beispielsweise durch langes Stehen geschälter und geschnittener Kartoffeln im Wasser oder durch Kochen in viel Wasser auslaugen. Mit Käse, Quark oder Ei sind Kartoffeln eine wertvolle Alternative zu fleischhaltigen Mahlzeiten. Ein weiterer Vorteil der Kartoffel: Sie enthält kein Fett. Zu Unrecht hat sie den Ruf, ein Dickmacher zu sein – es sei denn, sie wird mit viel Fett zubereitet, wie folgende Tabelle zeigt:

Fett- und Energiegehalt verschiedener Kartoffelzubereitungen (je 100 g)

Kartoffel-zubereitung	Fett (g)	kcal	kJ
Pellkartoffeln	0,3	66	276
Kartoffelklöße	1,1	101	422
Kartoffelbrei	1,9	75	314
Bratkartoffeln	8,0	161	673
Backofen-frites	9,7	257	1076
Pommes frites	13,2	272	1138
Kroketten	18,0	268	1120
Kartoffelpuffer	20,8	313	1308

Quelle: B. Heseker, H. Heseker: Nährstoffe in Lebensmitteln. Umschau, Frankfurt/Main (1993)

TIP:

Kartoffeln möglichst mit Schale kochen. Geschälte Kartoffeln in wenig Wasser und nur kurz garen, nicht zerkochen. Das verhindert starkes Auslaugen von Mineralstoffen und Vitaminen.

Sind grüne Kartoffeln giftig?

Kartoffeln werden grün, wenn sie zu hell gelagert werden. Dabei entsteht Solanin, ein Gift, das ab einer gewissen Menge Kopfschmerzen, Erbrechen, Magenschleimhautentzündung, Durchfall und Krämpfe auslöst.

Solanin wird durch Kochen und Backen nicht zerstört. Es geht teilweise ins Kochwasser über. Haben Kartoffeln nur kleinere grüne Stellen, so können diese großzügig weggeschnitten werden. Das Kochwasser sollten Sie vorsorglich nicht weiterverwenden. Ganz grüne Kartoffeln sind nicht zum Verzehr geeignet.

Übrigens:

Auch grüne Tomaten enthalten Solanin. Der Solaningehalt nimmt aber mit zunehmender Reife (Rotfärbung) ab.

Gemüse, Obst und Hülsenfrüchte

Mit viel Gemüse und Obst die Gesundheit schützen

Essen Sie täglich und reichlich frisches Gemüse, Salat und Obst, möglichst der Jahreszeit entsprechend und aus heimischem Anbau (s. Obst- und Gemüsekalender S. 26). Keine Sorge, davon werden Sie nicht dick. Gemüse und Obst sind wasserreich (bis zu 90 Prozent) und „pur" kalorienarm. Es sei denn, Sie essen bevorzugt und reichlich süßes, zuckerreiches Obst (z. B. Weintrauben, Bananen) und Gemüse mit viel Butter, Margarine oder Sahne.

Gemüse und Obst liefern Ihnen wichtige Mineralstoffe wie Magnesium, Kalium und Eisen sowie Ballaststoffe. Sie sind Ihre wichtigsten Quellen für die antioxidativ wirkenden Vitamine C und Beta-Carotin (= Provitamin A) und sekundäre Pflanzenstoffe (z. B. Aroma-, Farb- und Duftstoffe), die Ihre Abwehrkräfte stärken und möglicherweise einen gewissen Schutz vor Infektionen und Krebs bieten.

Die Vitamine C und Beta-Carotin sowie das Vitamin E (hauptsächlich in Pflanzenöl, Nüssen und Samen) können den Körper vor Schäden durch freie Radikale schützen. Dies sind aggressive sauerstoffhaltige Verbindungen, die z. B. beim Rauchen, bei starker Sonnenbestrahlung, Luftverschmutzung oder bei Entzündungen im Körper vermehrt gebildet werden. Chronische Krankheiten, wie Krebs, Arteriosklerose und Gelenkerkrankungen sowie grauer Star, können die Folge sein. Die antioxidativen Vitamine fangen freie Radikale ab und machen sie unwirksam.

TIP:

Essen Sie täglich 4 bis 5 Portionen frisches Gemüse und Obst, möglichst roh oder schonend (mit „Biß") gegart. Wechseln Sie häufig die Sorten, um in den Genuß vieler Inhaltsstoffe zu kommen.
Vitaminpräparate sind kein Ersatz, denn Obst und Gemüse enthalten nicht nur Vitamine. Sie liefern auch Mineralstoffe, Ballaststoffe und sekundäre Pflanzenstoffe. Außerdem können Vitaminpräparate in hohen Mengen gesundheitsschädigende Nebenwirkungen haben. Sie sollten nicht ohne ärztliche Kontrolle eingenommen werden.

Gute Vitamin-C-Quellen sind:

Orange, Zitrone, Grapefruit, Clementine, Kiwi, Guave, Hagebutte, Beerenfrüchte, Paprika, Fenchel, Brokkoli, Blumenkohl, Weißkohl und auch Kartoffeln.

Gute Beta-Carotin-Quellen sind:

grünes Gemüse wie Brokkoli, Spinat, Grünkohl, grüne Bohnen, Rosenkohl, Feldsalat sowie Chicorée, Tomaten und Karotten, außerdem auch Aprikosen.

Auf die Frische kommt es an

Essen Sie Gemüse, Salat und Obst immer möglichst frisch und „knackig". Sind diese Lebensmittel welk oder weich oder haben sie „angeschlagene" Stellen, kann das ein Zeichen für Überlagerung oder nachlässige Behandlung sein. Bekommen Sie ausnahmsweise keine frische Ware, müssen Sie deswegen nicht auf Ihre tägliche Gemüse- und Obstportion verzichten. Greifen Sie dann zu tiefgefrorenen Erzeugnissen wie Gemüse (unzubereitet) oder Beerenobst. Bei sachgerechter Lagerung und Beachtung der Mindesthaltbarkeit (s. Verpackung) sind diese Erzeugnisse ein qualitativ hochwertiger Ersatz für Frisches. Ab und zu kann es auch mal eine Konserve sein. Werten Sie Gemüse aus Dose oder Glas am besten mit frischen Kräutern oder mit nährstoffreichen Keimlingen auf und reichen Sie dazu frisch gegarte Kartoffeln.

Abnahme des Vitamin-C-Gehaltes von Gemüse durch Lagerung, Zubereitung und Tiefgefrieren

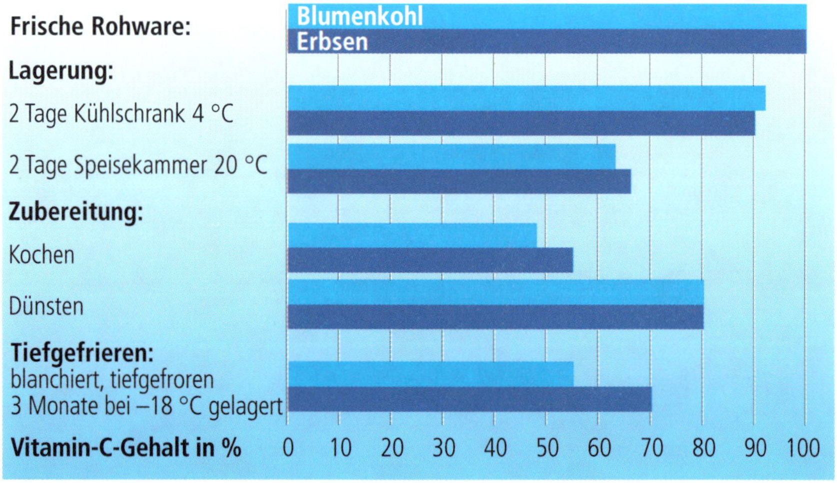

Wie Sie Vitamine und Mineralstoffe schonen

Gemüse und Kartoffeln

- unzerkleinert kurz und gründlich waschen,
- frisch, d. h. sofort und erst kurz vor dem Verzehr verarbeiten,
- zerkleinert und gerieben nicht lange aufbewahren,
- in wenig Wasser garen (= dünsten) und im gut verschlossenen Topf bei möglichst niedriger Temperatur kurz, d. h. bißfest, garen,
- zum Garen erst in bereits kochendes Wasser geben,
- fertig zubereitet nicht lange warmhalten. Es ist besser, Sie stellen die Speisen, schnell abgekühlt (z. B. im kalten Wasserbad), in den Kühlschrank und kochen sie für den Verzehr noch einmal gut auf.
- Garverluste durch Zugabe frischer Kräuter oder Keimlinge ausgleichen.

TIP:

Wenn Sie (ernte)frisches Gemüse auf Vorrat selbst einfrieren möchten, blanchieren Sie es vorher ca. 3 Minuten in viel kochendem Wasser. Anschließend in kaltem Wasser abschrecken. Dadurch werden Enzyme im Gemüse inaktiviert, die bei der Gefrierlagerung Vitamine abbauen.

Ist Nitrat in Gemüse gesundheitsschädlich?

Nitrat ist ein wichtiger Nährstoff für die Pflanze. Es ist entweder von Natur aus im Boden enthalten oder wird durch Düngung (Mineraldünger oder Gülle) dem Boden zugeführt. Nitrat an sich ist nicht gesundheitsschädlich. Erst wenn durch Bakterien, z. B. im Boden, in der Mundhöhle und im Darm des Menschen oder auch bei unsachgemäßer, unhygienischer Aufbewahrung und Zubereitung von nitratreichem Gemüse (z. B. durch langes Warmhalten oder Wiederaufwärmen) aus Nitrat Nitrit gebildet wird, kann es besonders für Säuglinge und Kleinkinder kritisch werden.

Nitrit ist für Säuglinge lebensgefährlich, weil es den Sauerstofftransport im Blut blockiert.

Verbindet sich Nitrit im Magen mit Aminen (= Eiweißstoffe, z. B. in Fleisch, Fisch oder Käse), entstehen Nitrosamine. Sie haben sich in Tierversuchen als krebserregend erwiesen.

So können Sie Ihre Nitrataufnahme niedrig halten

Gemüsesorten grundsätzlich häufig wechseln. Überwiegend nitratarmes Gemüse essen. Freilandgemüse der Saison bevorzugen. Denn: Hohe Lichteinstrahlung und Temperatur fördern den Nitratabbau (s. Gemüsekalender S. 26). Treibhausgemüse und -salat, im Winter geerntet, meiden. Denn: In lichtschwachen Wintermonaten ist der Nitratgehalt höher als im Sommer. Gemüse gründlich waschen, putzen und wenn möglich schälen. Das vermindert den Nitratgehalt. Stengel, Stiel und Strunk der Pflanze entfernen. Sie speichern bevorzugt Nitrat. Gemüse aus dem Garten am besten abends ernten. Die Licht- bzw. Sonneneinstrahlung am Tag fördert den Nitratabbau. Frisches Gemüse nur kurz und kühl lagern. Bei der Verarbeitung auf Hygiene achten. So verhindern Sie, daß sich Bakterien unnötig vermehren.

Nitratreiche Gemüsesorten sind:

Rote Bete, Endivien, Rettich, Fenchel, Kopfsalat, Kohlrabi, Feldsalat, Spinat, Radieschen, Wirsingkohl, Knollensellerie, Zucchini, Chicorée, Chinakohl, Mangold.

Für Kopfsalat und Spinat gibt es gesetzlich festgelegte Höchstmengen und für Feldsalat, Rettich, Radieschen und Rote Bete Richtwerte mit Orientierungscharakter (nicht gesetzlich bindend).

Nitratarme Gemüsesorten sind:

Erbsen, grüne Bohnen, Möhren, Gurken, Paprika, Tomaten, Spargel, Schwarzwurzeln, Auberginen, Mais, Rosenkohl, Rotkohl, Brokkoli, Blumenkohl, Kartoffeln, Knoblauch, Lauch, Zwiebeln.

Übrigens: Raucher nehmen mit Zigaretten ein Vielfaches mehr an krebserregenden Nitros-aminen auf als mit der Nahrung. Außerdem sind sie häufig schlechter mit den Vitaminen C und Beta-Carotin versorgt, die möglicherweise vor Krebs schützen.

TIP:

Die Bakterienvermehrung und damit auch die Bildung von Nitrit und Nitrosaminen wird außerdem durch Vitamin C gehemmt. Nach einer Mahlzeit mit nitratreichem Gemüse könnten Sie z. B. einen Orangensaft trinken, frisches rohes Obst oder einen Obstsalat essen.

Hülsenfrüchte – eine vollwertige Alternative

Hülsenfrüchte, auch Leguminosen genannt, sind die Samen von Bohnen, Erbsen und Linsen. Auch Sojabohnen, Kichererbsen und Erdnüsse zählen dazu. Leider finden Hülsenfrüchte wenig Verwendung in deutschen Küchen, obwohl sie und ihre Keimlinge einen wertvollen Beitrag zur vollwertigen Ernährung leisten können. So haben Hülsenfrüchte den höchsten Gehalt an Eiweiß unter den pflanzlichen Lebensmitteln. Außerdem sind sie, neben Nüssen, eine gute Quelle für Vitamin B_1, B_{12} und Folsäure, Calcium, Magnesium, Eisen, Kalium und Ballaststoffe.

Hülsenfrüchte sind eine vollwertige, leckere Abwechslung an fleischfreien Tagen, z. B. als Eintopf mit Vollkornbrot, als Beilage zu Vollkornnudeln, als Auflauf mit Käse überbakken oder auch als Salat.

TIP:

Geschälte Erbsen und Linsen sind leichter verdaulich und verursachen weniger Blähungen als ungeschälte. Ungeschälte Hülsenfrüchte über Nacht einweichen und im Einweichwasser garen. Hülsenfrüchte nur „leise" köcheln, das schont die Vitamine.

Obst – eine gute „Energiespritze" für zwischendurch

Obst enthält von Natur aus Zucker (z. B. Trauben- und Fruchtzucker), der schnell vom Körper aufgenommen und zur Energiegewinnung bereitgestellt werden kann. Im Gegensatz zum Haushaltszucker oder zu Süßigkeiten liefert Obst zusätzlich viele Vitamine, Mineralstoffe, Ballaststoffe und sekundäre Pflanzenstoffe. Obst eignet sich gut für den Hunger zwischendurch oder auch als Zutat für Müslis, Obstsalate, Quarkaufstriche, Quark-, Joghurt- oder Cremespeisen, süße Aufläufe oder Milchmixgetränke.

Nüsse ergänzen Ihre Kost

Nüsse sind wegen ihres hohen Fettgehalts gute Energiespender. Doch Vorsicht mit der Verzehrsmenge. Eine halbe Tüte Haselnüsse (100 g), ohne Schale, liefert etwa so viel Fett wie 7 1/2 Eßlöffel Butter (75 g) und rund 700 Kalorien. Vorteil der Nüsse: Sie enthalten „gutes" Fett mit reichlich ungesättigten Fettsäuren und kein Cholesterin. Außerdem ist ihr Gehalt an B-Vitaminen, Folsäure, Vitamin E, Magnesium, Calcium, Eisen, Kalium und Ballaststoffen nicht unerheblich. Für zwischendurch oder als Zutat für Müslis, Milch-, Joghurt- oder Quarkspeisen können Nüsse in kleinen Mengen Ihre vollwertige Kost bereichern.

TIP:

Essen Sie kein Obst mit faulen oder angeschimmelten Stellen. Dies ist auch nicht zum Tiefgefrieren, Einmachen und Herstellen von Konfitüre, Gelee, Kompott und Saft geeignet. Giftige Stoffe, die von Schimmelpilzen gebildet werden, können bis zum inneren Kern der Frucht verbreitet sein. Bei harten Äpfeln genügt es allerdings, die faulen Stellen großzügig herauszuschneiden.

Obst-/Gemüsekalender

Kaufen Sie Obst und Gemüse der Saison entsprechend. Es schmeckt dann am besten und ist am vitaminreichsten. Lange Transportwege beeinträchtigen Geschmack und Vitamingehalt von Gemüse und Obst, kosten Geld und Energie.

Der Obst- und Gemüsekalender gibt Ihnen einen Überblick über das jahreszeitliche Angebot und hilft Ihnen beim Einkauf.

- ● Haupterntezeiten (H)
- ● Nebensaisonzeiten (N)
- ● Gewächshausware (G)
- ● Lagerware (L)

Obst

	Jan.	Feb.	März	April	Mai	Juni	Juli	Aug.	Sept.	Okt.	Nov.	Dez.
Äpfel	H/L	H/L	H/L	N/L	N/L	N/L	N/L	N/L	H	H/L	H/L	H/L
Aprikosen						N	H	H	N			
Birnen	H/L	N/L	N/L				N	N	H	H	H/L	H/L
Brom-, Stachelbeeren						N	H	H	N	N		
Erdbeeren						H	H	N	N	N		
Heidelbeeren							N	H	N			
Himbeeren					N	N	H	N	N			
Johannisbeeren						N	H	N	N	N		
Kirschen					N	N	H	N	N			
Pfirsiche, Nektarinen							N	H	N	N		
Pflaumen, Zwetschen							N	H	H	N		
Weintrauben								H	N	N		

Südfrüchte

	Jan.	Feb.	März	April	Mai	Juni	Juli	Aug.	Sept.	Okt.	Nov.	Dez.
Apfelsinen	H	H	N	N	N	N					N	H
Bananen	N	N	H	H	H	H	H	H	H	H	H	N
Clementinen, Satsumas	H	N								N	N	H
Grapefruits	N	N	N	N	N	N	N	N	N	N	N	N
Zitronen	H	H	H	H	H	N	N	N	N	N	H	H

Inländisches Gemüse

	Jan.	Feb.	März	April	Mai	Juni	Juli	Aug.	Sept.	Okt.	Nov.	Dez.
Blumenkohl					●	●	●	●	●	●	●	●
Bohnen, grün					●	●	●	●	●	●		
Bohnen, dick						●	●	●				
Brokkoli					●	●	●	●	●	●		
Chicorée	●	●	●							●	●	●
Chinakohl	●	●	●	●	●		●	●	●	●	●	●
Eisbergsalat					●	●	●	●	●	●	●	●
Endivien						●	●	●	●	●	●	●
Erbsen						●	●	●	●			
Feldsalat/Rapunzel	●	●	●	●				●	●	●	●	●
Fenchel							●	●	●	●	●	
Grünkohl	●	●	●						●	●	●	●
Gurken					●	●	●	●	●	●		
Kartoffeln	●	●	●	●	●	●	●	●	●	●	●	●
Kohl	●	●	●	●	●	●	●	●	●	●	●	●
Kohlrabi	●	●	●	●	●	●	●	●	●	●	●	●
Kopfsalat	●	●	●	●	●	●	●	●	●	●	●	●
Möhren	●	●	●	●	●	●	●	●	●	●	●	●
Paprika					●	●	●	●	●	●	●	
Porree/Lauch	●	●	●	●	●	●	●	●	●	●	●	●
Radieschen	●	●	●	●	●	●	●	●	●	●	●	●
Rettich	●	●	●	●	●	●	●	●	●	●	●	●
Rosenkohl	●	●	●						●	●	●	●
Rote Bete	●	●	●				●	●	●	●	●	●
Schwarzwurzel	●	●	●							●	●	●
Sellerie	●	●	●	●	●	●	●	●	●	●	●	●
Spargel				●	●	●	●					
Spinat			●	●	●	●	●	●	●	●	●	●
Tomaten					●	●	●	●	●	●	●	●
Zucchini						●	●	●	●	●		

Getränke

Wasser und seine lebenswichtigen Aufgaben

Ihr Körper besteht zu 60 Prozent aus Wasser. Wasser ist wichtig für die Regulation der Körpertemperatur, die Nierentätigkeit, die Blutfließfähigkeit, die Quellung und Fortbewegung des Speisebreies im Darm. Es löst die Nährstoffe aus der Nahrung und transportiert sie über das Blut in alle Körperzellen und Organe. „Abfallprodukte" wie Harnsäure, die beim Stoffwechsel anfallen, werden mit dem Wasser bzw. Harn über die Nieren ausgeschieden.

Da Sie täglich Wasser über Haut, Lunge, Harn und Stuhl verlieren, müssen Sie für einen entsprechenden Nachschub sorgen. Es kann sonst zu schweren Gesundheitsstörungen (z. B. Herz-Kreislauf- und Nierenversagen) und im Extremfall sogar zum Tod kommen.

Genügend Wasser und Mineralstoffe tanken

Als Erwachsener brauchen Sie täglich etwa 25 bis 30 ml Wasser pro Kilogramm Körpergewicht.
Bei 70 kg wären das beispielsweise 1,7 bis 2 Liter pro Tag. Die Hälfte davon kommt aus Lebensmitteln, vor allem aus Gemüse und Obst.
Säuglinge und Kinder benötigen, bezogen auf ihr Körpergewicht, die zwei- bis sechsfache Flüssigkeitsmenge. Je jünger sie sind, desto mehr.

Bei hoher Außentemperatur (z. B. im Sommer), Fieber, anstrengender körperlicher Arbeit oder Sport gehen durch den Schweiß vermehrt Wasser (im Extremfall über 10 Liter am Tag) und Mineralstoffe verloren. Sorgen Sie dann unverzüglich für genügenden Ausgleich, indem Sie z. B. reichlich Mineralwasser, leicht gesalzenen und gezuckerten Tee oder mit Mineralwasser verdünnten Fruchtsaft (mindestens 3:1) trinken.

Erhöhter Flüssigkeitsbedarf besteht auch bei Erbrechen und Durchfall sowie bei Reduktionsdiäten.

So löschen Sie den Durst am besten

Die besten und kalorienfreien Durstlöscher sind Leitungswasser, Mineralwasser, Kräuter- und Früchtetee (z. B. mit Zitrone). Verdünnter Obstsaft und Gemüsesaft liefern zwar Kalorien, gleichzeitig aber auch wertvolle Vitamine und Mineralstoffe.

Übrigens:

Fruchtnektar ist kein besonders wertvolles Getränk, wie häufig angenommen wird. Sein Fruchtanteil ist höchstens halb so hoch wie im Fruchtsaft.

Fruchtsaftgehalt in Getränken

Getränk	Fruchtsaftgehalt (%)
Fruchtsaft	100
Fruchtnektar	25 bis 50
Fruchtsaftgetränk	6 bis 30

Fruchtnektare bestehen aus Fruchtsaft, Wasser und Süßungsmitteln (z. B. Zucker, Honig, Glukosesirup). Je nach Fruchtart darf Zitronensäure bzw. Zitronensaft zugesetzt werden.
Fruchtsaftgetränke dürfen außerdem Aromastoffe enthalten.
Die Zutatenliste auf dem Flaschenetikett informiert Sie über die Zusammensetzung des Getränks.
Erfrischungsgetränke wie Fruchtsaftgetränke, Limonaden, Colagetränke, Brausen oder fertige Teegetränke enthalten relativ viel Zucker und sind deshalb als Durstlöscher nicht geeignet.

Hätten Sie gedacht, daß in einer kleinen Dose Cola (0,33 l) 36 g Zucker bzw. etwa 12 Stück Würfelzucker oder in einer kleinen Dose Limonade (0,33 l) 40 g Zucker bzw. 13 Stück Würfelzucker stecken können?

Diät- oder Lightgetränke, die mit Süßstoff statt mit Zucker gesüßt sind, sind zwar dadurch kalorienärmer, schmecken aber dennoch sehr süß. Besser ist es, Sie gewöhnen sich an einen weniger süßen Geschmack.

Kaffee, schwarzer Tee und alkoholische Getränke sind Genußmittel und nur in Maßen zu genießen.

Alkohol – nur ein gelegentlicher Genuß

„Ein Gläschen in Ehren kann niemand verwehren", täglich sollte es besser aber nicht sein. 20 g Alkohol für Männer, 10 g Alkohol für Frauen pro Tag, aber nicht regelmäßig – das ist die Richtschnur der DGE. Das Brustkrebsrisiko steigt bereits bei einem Konsum von nur 10 g Alkohol pro Tag. Wenn Frauen langfristig mehr als 20 g Alkohol und Männer mehr als 40 g Alkohol am Tag trinken, ist das Risiko für eine Schädigung der Leber erhöht. Auch andere Organe wie Bauchspeicheldrüse, Magen und Herz, das Nerven- und Immunsystem können bei einem regelmäßig hohen Alkoholkonsum geschädigt werden. Alkohol ist mit ein Risikofaktor für die Enstehung von Mundhöhlen-, Speiseröhren-, Brust-, Leber- und Dickdarmkrebs. Außerdem besteht bei täglichem und reichlichem Konsum die Gefahr der Alkoholabhängigkeit. Absolut tabu: Alkohol und Straßenverkehr.

Die Alkoholmenge von 20 g ist schnell erreicht. Sie ist bereits in einer Flasche Bier (1/2 l), einem Glas Wein (1/4 l) oder in drei Gläsern Weinbrand (à 20 ml) enthalten. Je höher der tägliche Alkoholkonsum ist, desto kürzer ist die Zeitspanne bis zum Auftreten der Schäden.

Kann man Leitungswasser heute noch unbedenklich trinken?

Leitungswasser ist ein guter kalorienfreier Durstlöscher. Es ist ein Lebensmittel, das den strengen Anforderungen der Trinkwasserverordnung und des Bundesseuchengesetzes unterliegt. Dabei sind die Maßstäbe für die Beurteilung der Qualität (z. B. der Gehalt an chemischen Stoffen und Bakterien) hoch. Der Nitratgehalt darf 50 mg/l nicht überschreiten.

Allerdings: In landwirtschaftlich stark genutzten Gebieten kann es besonders im Wasser aus Eigenversorgungsanlagen zu überhöhten Nitratwerten kommen.

Für Säuglinge ist nur Leitungswasser mit einem Nitratgehalt von höchstens 50 mg/l geeignet. Ansonsten wird spezielles Mineralwasser für die Zubereitung von Säuglingsnahrung empfohlen; auf dem Etikett muß stehen: „geeignet für die Zubereitung von Säuglingsnahrung". Der Nitratgehalt liegt hier sogar unter 10 mg/l.

Säuglinge und Kleinkinder sollten auch nur dieses Wasser trinken, wenn das Trinkwasser aus bleihaltigen Rohren (z. B. in Altbauten) kommt.

Milch und Milcherzeugnisse

Milch – wichtig von Anfang an

Milch ist eines der wertvollsten Lebensmittel; für den Säugling ist die Muttermilch nur schwer zu ersetzen. In ihr sind alle „Baustoffe“ vereint, die das neugeborene Kind im ersten Lebenshalbjahr zum Körperaufbau und Wachstum braucht. Für Kinder und Jugendliche, für Erwachsene und ältere Menschen ist es die Kuhmilch, die zur Versorgung mit hochwertigem Eiweiß, Calcium, Jod, Vitamin B_2, Folsäure und Vitamin B_{12} beiträgt. Vitamin B_{12} kommt in größeren Mengen nur noch in Innereien, Fleisch und Ei vor.

Der beste Calciumlieferant

Calcium ist ein bedeutender Mineralstoff für den Aufbau, die Erhaltung und Festigung von Knochen und Zähnen und für verschiedene Stoffwechselvorgänge im Körper. Sie brauchen als Erwachsener täglich ca. 800 bis 1000 mg Calcium. Je jünger Sie sind, desto mehr haben Sie nötig.
Die empfohlene Calciummenge erreichen Sie am leichtesten mit Milch und Milcherzeugnissen. Sie enthalten im Gegensatz zu pflanzlichen Lebensmitteln viel und gut verwertbares Calcium.

Der folgende Vergleich zeigt Ihnen, welche Lebensmittelmenge Sie brauchen, um 800 mg Calcium aufzunehmen:

	oder	
1 kg Kartoffeln		1/4 Liter Milch
+ 500 g Weizenvollkornbrot		+ 3 Scheiben Käse (90 g)
+ 250 g Spinat		
+ 100 g Haferflocken		

TIP:

Wenn Sie Milch nicht mögen oder vertragen, können Käse und Sauermilcherzeugnisse (bei Milchzuckerunverträglichkeit austesten), calciumreiche Mineralwässer (mind. 150 mg Calcium je Liter) oder calciumangereicherte Fruchtsäfte zu Ihrer Versorgung beitragen.

Rohmilch – ein Infektionsrisiko?

Aus hygienischen Gründen ist lose, unverpackte Rohmilch ab Hof (direkt vom Bauer) für Säuglinge und Kleinkinder auf keinen Fall geeignet. Auch Schwangere, ältere Menschen und Immungeschwächte bzw. Kranke sollten sie nicht trinken. Es sei denn, sie wird vor dem Verzehr abgekocht. Darauf muß an der Abgabestelle gut sichtbar und lesbar hingewiesen werden.
Noch vor wenigen Jahrzehnten war Rohmilch häufig Auslöser für schwere Infektionskrankheiten, z. B. Tuberkulose. Heute sind es Bakterien wie Listerien oder enterohämorrhagische Escherichia coli (EHEC), die für Rohmilchliebhaber zum Krankheitsrisiko werden können.

TIP:

Damit Qualität und Geschmack der frischen Milch erhalten bleiben, sollten Sie sie so bald wie möglich verbrauchen. Beachten Sie das Mindesthaltbarkeitsdatum auf der Verpackung! Bei Vorzugsmilch finden Sie den Hinweis „Rohmilch verbrauchen bis…" (maximal nach 4 Tagen).

Eine Infektion mit Listerien kann zu Organentzündungen, Fehlgeburten bei Schwangeren und Hirnhautentzündungen bei Kindern führen. Eine Infektion mit EHEC löst Darmgeschwüre und starke Durchfälle aus. Bei Kindern kann es zu lebensbedrohlichen Komplikationen durch akutes Nierenversagen kommen. Gesundheitsgefährdende Bakterien und Viren in der Milch werden durch Erhitzen abgetötet. Außerdem ist die Milch dadurch länger haltbar und verdirbt nicht so schnell beim Transport von der Molkerei zum Händler und zu Ihnen nach Hause.

Milchsorten im Handel	Erhitzungsverfahren	Erhitzungstemperatur	Erhitzungszeit
Vorzugsmilch	–	–	–
Trinkmilch	Pasteurisation	72 – 75 °C	15 – 30 Sek.
H-Milch	Ultrahocherhitzung	135 – 150 °C	wenige Sek.
Sterilmilch	Sterilisation	110 – 120 °C	10 – 30 Min.

Milchvielfalt im Verkaufsregal

Im Handel erhalten Sie verschiedene Milchsorten. Je nach Hitzebehandlung unterscheiden sie sich in ihrem Vitamingehalt, in der Haltbarkeit und im Geschmack. Trinkmilch (frische Milch, pasteurisierte Milch) sollten Sie so bald wie möglich verbrauchen. H-Milch und Sterilmilch dagegen können Sie in ungeöffneter Verpackung sogar bei Zimmertemperatur mehrere Monate aufbewahren (s. Mindesthaltbarkeitsdatum auf Tüte oder Flasche). Geöffnet gehört sie ebenfalls in den Kühlschrank.

Milch gibt es außerdem in verschiedenen Fettgehaltsstufen: Vorzugsmilch mit mindestens 3,8 % Fett, pasteurisierte Milch, H-Milch und Sterilmilch mit mindestens 3,8 % und 3,5 % Fett, fettarme Milch mit 1,5 bis 1,8 % Fett und entrahmte Milch mit 0,3 % Fett (Magermilch).
Mit dem Fettgehalt der Milch nimmt auch der Gehalt an fettlöslichen Vitaminen (A, D, E und K) ab – bei fettarmer Milch etwa um die Hälfte, in Magermilch fehlen fettlösliche Vitamine nahezu ganz.

Schadet Hitzebehandlung den Nährstoffen?

Je nach Erhitzungsverfahren werden die Nährstoffe in der Milch mehr oder weniger beeinflußt.
Das schonendste Verfahren ist die Pasteurisation, bei der es kaum zu Qualitätseinbußen kommt. Bei der Sterilisation entstehen die höchsten Vitaminverluste. Zwischen Roh- bzw. Vorzugsmilch und pasteurisierter Milch besteht kein bedeutender Unterschied im Vitamingehalt. Pasteurisierte Milch bietet allerdings im Gegensatz zur Rohmilch die Sicherheit, frei von Krankheitserregern zu sein. Wird Rohmilch zu Hause abgekocht, sind die Vitamin- und Mineralstoffverluste relativ hoch und entsprechen teilweise den Verlusten bei der Herstellung von Sterilmilch.

H-Milch ist besser als ihr Ruf

Der Vitaminverlust bei der Ultrahocherhitzung ist nicht so bedeutend, daß man die H-Milch als minderwertig einstufen kann. Häufig ist sie ein geeigneter Ersatz für frische Milch. Sie enthält genauso viel Calcium und andere Mineralstoffe wie pasteurisierte Milch. Ihr Vorteil: Sie verdirbt nicht so schnell und kann in geschlossener Packung sogar bei Zimmertemperatur bis zu 3 Monaten aufbewahrt werden.

Was ist Vorzugsmilch?

Vorzugsmilch ist Rohmilch, die von streng kontrollierten landwirtschaftlichen Betrieben stammt und abgepackt in den Handel kommt. Im Gegensatz zur losen Rohmilch ab Hof ist das Abkochen vor dem Verzehr nicht vorgeschrieben, es wird aber aus Sicherheitsgründen empfohlen. Auch bei Vorzugsmilch kann eine Infektion mit krankmachenden Bakterien nicht ausgeschlossen werden. Beachten Sie das Verbrauchsdatum auf der Verpackung!

Veränderung des Milchfettes durch Homogenisieren

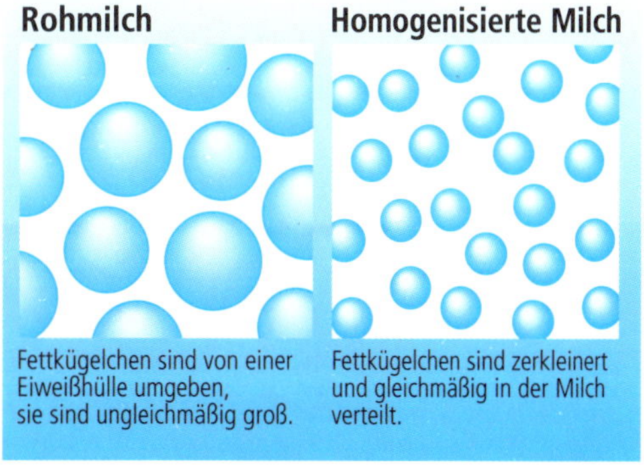

Fettkügelchen sind von einer Eiweißhülle umgeben, sie sind ungleichmäßig groß.

Fettkügelchen sind zerkleinert und gleichmäßig in der Milch verteilt.

Was bedeutet „homogenisiert"?

Damit sich bei der Lagerung im Geschäft oder zu Hause das Fett bzw. der Rahm der Milch nicht oben absetzt, wird sie homogenisiert (s. Packungsaufschrift).

Dabei werden durch Druck die Fettkügelchen verkleinert und in einheitlicher Größe gleichmäßig in der Milch verteilt. Das Milchfett wird durch diesen Prozeß leichter verdaulich, weil die Verdauungssäfte eine größere Angriffsfläche haben. Keine Sorge: Bei der Homogenisierung entstehen keine gesundheitsschädlichen Stoffe, wie einmal fälschlicherweise behauptet wurde.

Ist linksdrehende D(–)-Milchsäure ungesund ?

Sauermilcherzeugnisse wie Joghurt enthalten von Natur aus linksdrehende D(–)- und rechtsdrehende L(+)-Milchsäure. Beide werden vollständig vom Körper abgebaut, die linksdrehende nur etwas langsamer. Es kommt dadurch jedoch nicht zu einer Übersäuerung des Blutes, wie man früher vermutet hat. Verzehrsbegrenzungen für Milcherzeugnisse, die überwiegend linksdrehende Milchsäure enthalten, gibt es darum heute nicht mehr. Säuglinge allerdings sollten im ersten Lebensjahr noch keine Sauermilcherzeugnisse bekommen, weil Verdauung und Stoffwechsel noch nicht voll ausgebildet und funktionsfähig sind.

Fördern Sauermilcherzeugnisse die Gesundheit?

Sauermilcherzeugnisse wie Joghurt und Kefir sind gute Quellen für wertvolles Eiweiß und Calcium, vor allem wenn Sie keine Milch mögen oder nicht vertragen (z. B. bei Milchzuckerunverträglichkeit). Sind die Erzeugnisse nicht erhitzt (die Milch kann pasteurisiert sein) und enthalten „lebende" Milchsäurebakterien (z. B. Lactobacillus bifidus oder Lactobacillus acidophilus, s. Verpackungskennzeichnung), wirken sie eventuell sogar positiv auf die Darmflora (Keimbesiedlung des Darms). Ihr regelmäßiger Verzehr kann möglicherweise Verstopfung und Durchfall verhindern, den Aufbau einer normalen Darmflora nach einer Therapie mit Antibiotika beschleunigen und die Abwehrkräfte verbessern. Diskutiert wird noch, ob sie auch Virus- und Pilzinfektionen (z. B. im Magen-, Darm- und Vaginalbereich) vorbeugen und die Enstehung von Tumoren im Dickdarm hemmen.

Auch wenn noch einzelne Untersuchungsergebnisse diskutiert werden: Essen Sie regelmäßig verschiedene Sauermilcherzeugnisse und milchsauervergorenes Gemüse (z. B. Sauerkraut).

Weniger Zucker und Zusatzstoffe mit Milch und Milcherzeugnissen „natur"

Hätten Sie gedacht, daß in einem Becher Fruchtjoghurt (150 g) 24 g Zucker (8 Stück Würfelzucker) stecken kann?
Fruchtjoghurt und -quark, Milchmixgetränke, fertige Puddings und Cremes etc. können relativ viel Zucker und Fett enthalten. Außerdem werden ihnen meist Farb-, Aroma- und Geschmacksstoffe zugesetzt, die zwar nicht gesundheitsschädlich, aber für Sie unnötig sind. Sie können darauf verzichten, wenn Sie Milch und Milcherzeugnisse „natur" bevorzugen und selbst mit frischem Obst, Obstmus, Fruchtmark oder Fruchtsaft „mixen".

Fisch, Fleisch, Wurst und Eier

Seefisch: mit Jod im Lot

Seefische wie Kabeljau, Seelachs, Schellfisch, Rotbarsch oder Scholle sind die bedeutendsten Jodlieferanten unter den Lebensmitteln. Eine kleine Portion Seelachsfilet (100 g) reicht schon aus, um die empfohlene Tagesmenge von 200 Mikrogramm (µg) Jod aufzunehmen.

Für die Bildung von Hormonen in der Schilddrüse brauchen Sie genügend Jod. Die ersten Anzeichen für Jodmangel und Schilddrüsenunterfunktion können z. B. ständige Müdigkeit, Kälteempfinden, Verstopfung, Konzentrationsschwäche, Lustlosigkeit, Gewichtszunahme trotz schlechten Appetits und Infektionsanfälligkeit sein. Außerdem kann es zu Menstruationsstörungen und Unfruchtbarkeit bei der Frau bzw. Sterilität beim Mann kommen, bei Schwangerschaft im Extremfall zu Totgeburten oder Mißbildungen, beim Neugeborenen zu Schilddrüsenunterfunktion und Kropf, bei Kindern zur Verzögerung in der körperlichen und geistigen Entwicklung.

Bleibt Jodmangel unbehandelt, führt er bei entsprechender Veranlagung zur Schilddrüsenvergrößerung (Kropf/Struma). Sie macht sich bemerkbar durch Enge- und Druckgefühl im Hals, Schluckbeschwerden und im Extremfall auch durch Atemnot. Bei anhaltendem Mangel bilden sich Knoten im Schilddrüsengewebe, die meist operativ entfernt werden müssen. Dem können Sie vorbeugen.

Was Sie für Ihre Jodversorgung tun können

Essen Sie 1 bis 2 mal in der Woche Seefisch (150 g pro Portion).
Verwenden Sie nur Jodsalz mit 15 bis 25 mg Jod pro kg Kochsalz (s. Aufschrift auf gelber Packung). Zu viel Salz kann bei entsprechender Veranlagung die Entstehung von Bluthochdruck begünstigen. Verwenden Sie darum auch Jodsalz nur so wenig wie möglich. Bevorzugen Sie Lebensmittel wie Brot, Wurst und Käse und fertige Speisen (z. B. in Restaurants und Kantinen), die mit Jodsalz hergestellt wurden.

Damit Sie diese beim Einkauf sofort erkennen können, hat die Bundeszentrale für gesundheitliche Aufklärung im Auftrag des Bundesgesundheitsministers ein Jodsiegel entwickelt, mit dem die entsprechenden Produkte gekennzeichnet sind (s. Abb.).
Keine Sorge: Eine Jodüberversorgung, Jodallergie oder Jodakne ist durch den Verzehr von Jodsalz bzw. jodsalzhaltigen Lebensmitteln nicht zu befürchten. Dazu sind die zugesetzten Jodmengen viel zu klein.

„Gute" Fettsäuren im Fischfett

Seefisch ist nicht nur eine gute Quelle für Jod, sondern auch für wertvolle ungesättigte Omega-3-Fettsäuren (z. B. die Eicosapentaensäure). Diese sind gut für Herz und Kreislauf, weil sie den Fettspiegel im Blut senken und die Fließfähigkeit des Blutes verbessern können.

Einen hohen Gehalt an diesen Fettsäuren haben fettreiche Seefischsorten wie Lachs, Makrele und Hering.

Ist Fleisch ein Stück „Lebenskraft"?

In gewissem Sinne stimmt diese Aussage, denn Fleisch liefert Ihnen hochwertiges Eiweiß, das Sie für den Aufbau und Erhalt Ihres Körpers (z. B. von Muskeln und Organen) und zahlreicher Substanzen (z. B. Hormone und Enzyme) benötigen. Außerdem ist Fleisch eine wichtige Quelle für gut verwertbares Eisen, Vitamin B_1 (hauptsächlich in Schweinefleisch) und Vitamin B_{12}. Da diese Nährstoffe aber auch in anderen Lebensmitteln stecken, brauchen Sie nicht jeden Tag Fleisch zu essen, um gesund und fit zu sein. Die Kriegs- und Nachkriegsgeneration hat es unfreiwillig bewiesen. Quelle ihrer „Lebenskraft" waren überwiegend pflanzliche Lebensmittel, Eier, Milch und Milcherzeugnisse. Fleisch gab es nur selten, denn es war rar und teuer.

Mit weniger Fleisch und Wurst im Trend

Erst mit aufkommendem Wohlstand und reichhaltigerem Lebensmittelangebot stieg hierzulande der Fleisch- und Wurstverzehr zuungunsten von Kartoffeln, Brot, Gemüse und Obst an. Die Folge: Die Kost enthält viel Fett, Cholesterin und Purine und weniger Stärke und Ballaststoffe. Dies begünstigt bei entsprechender Veranlagung die Entstehung von Übergewicht, Fettstoffwechselstörungen, Bluthochdruck, Herz-Kreislauferkrankungen und Gicht. (Näheres dazu können Sie in der Broschüre „Der Mensch ist, was er ißt" nachlesen, siehe Seite 146).

Mittlerweile ist jedoch ein rückläufiger Trend zu beobachten. Weniger Fleisch und Wurst kommen auf den Teller bzw. aufs Brot. Das hat nicht nur gesundheitliche Vorteile, sondern auch ökonomische (z. B. Lebensmittelkosten) und ökologische (z. B. Schonung der Umwelt).

Alternativen für Fleisch und Wurst

Essen Sie wöchentlich 2 bis 3 Portionen mageres Fleisch (maximal à 150 g), z.B. abwechselnd Geflügel-, Schweine-, Rind-, Lamm-, Kalb- oder Wildfleisch. An fleischfreien Tagen bieten sich Fisch-, Ei-, Getreide-, Kartoffel- oder Gemüsegerichte an (s. Rezepte S. 124).
Gewöhnen Sie sich auch daran, nur 2 bis 3 mal in der Woche Fleischerzeugnisse (maximal 50 g pro Tag) zu essen, z. B. Kochschinken, Bierschinken, Corned Beef, Bratenaufschnitt, Sülz- und Geflügelwurst.
Als alternativer Brotbelag eignen sich z. B. Tomaten-, Gurken-, Radieschen-, Apfel- oder Bananenscheiben, frische gehackte Kräuter, vegetarische Pasten, geräucherter oder marinierter Fisch, Fischkonserven oder Eischeiben, selbstangerührte Quark- oder Frischkäseaufstriche.

Fleischfreie Mahlzeiten vollwertig ergänzen

Eiweiß und Eisen aus Fleisch kann Ihr Körper günstiger verwerten als das aus pflanzlichen Lebensmitteln wie Gemüse und Getreide. Die Qualität von Eiweiß aus pflanzlichen Lebensmitteln können Sie aber verbessern, indem Sie diese z. B. mit Milch, Käse, Quark, Ei oder Hülsenfrüchten kombinieren.

Beipiele:

Getreide + Hülsenfrüchte:	Bohneneintopf mit Vollkornbrot, Vollkornnudeln mit Linsen
Getreide + Milch/Käse/Ei:	Nudel-, Reis-, Hirse- oder Grünkernauflauf mit Käse
Kartoffeln + Käse/Quark/Ei:	Kartoffelgratin, Pellkartoffeln mit Quark oder Ei

Die Verwertung von Eisen aus pflanzlichen Lebensmitteln können Sie verbessern, wenn Sie zu diesen Vitamin C aufnehmen, z. B. in Form von Paprika- oder Weißkohlsalat, einem Dessert aus Beeren- oder Südfrüchten oder einem Vitamin-C-reichen Fruchtsaft (z. B. Orangensaft).

Ist eine fleischfreie Kost gesünder?

Eine optimal zusammengesetzte fleischfreie Ernährung kann günstig sein für Herz, Kreislauf und Stoffwechsel. Voraussetzung: Die Kost ist sehr abwechslungsreich und nicht zu fett, sie enthält reichlich Vollkornerzeugnisse, Kartoffeln, Gemüse, Salat und Obst sowie ausreichend Milch, magere Milcherzeugnisse und auch Eier.

TIP:

Bei einer fleischarmen oder fleischfreien Kost müssen Sie zum Ausgleich eisenreiche Getreidesorten bevorzugen, z. B. Hirse, Hafer, Grünkern, Dinkel sowie Vollkornmehl, -flocken, -brot, -nudeln, Naturreis und eisenreiche Gemüsesorten wie dicke Bohnen, Spinat, Fenchel, Schwarzwurzeln, Feldsalat, Karotten, Zucchinis, Pilze, Grünkohl, getrocknete Erbsen,Bohnen und Linsen sowie Beeren- und Trockenfrüchte, Nüsse und Samen (z. B. Sesam- und Mohnsamen).

Von einer veganen, d. h. rein pflanzlichen Kost ist abzuraten. Das gilt besonders für Säuglinge, Kinder, Schwangere, Stillende, ältere Menschen und Kranke mit erhöhtem Nährstoffbedarf. Eine solche Kost kann zu einem Mangel, insbesondere an Eiweiß, Eisen, Calcium, Zink und Vitamin B_{12}, mit mehr oder weniger schweren gesundheitlichen Störungen führen.

BSE-Erreger im Rindfleisch

Die Rinderkrankheit BSE (Bovine Spongiforme Enzephalopathie) trat erstmals 1985 in Großbritannien auf. Die betroffenen Rinder erhielten Tierkörpermehl, das aufgrund unzureichender Erhitzung noch Erreger von an Scrapie erkrankten Schafen enthielt. In Deutschland wird Tierkörpermehl unter extrem hohen Temperaturen hergestellt, so daß mögliche Krankheitserreger abgetötet sind.
Allerdings: In Deutschland darf grundsätzlich kein Tierkörpermehl an Rinder verfüttert werden.

BSE- und Scrapie-Erreger lösen schwere Gehirnschädigungen bei Tieren aus, die der Creutzfeldt-Jacob-Krankheit beim Menschen ähneln. Sie lassen sich experimentell auf eine Reihe anderer Tierarten übertragen. Mit dem Übergang des Scrapie-Erregers auf Rinder ist dies augenscheinlich auch auf natürlichem Weg über die Nahrungskette erfolgt. Eine Übertragung von BSE über die Nahrung auf den Menschen ist daher aus grundsätzlichen Erwägungen nicht auszuschließen. Deshalb haben das Europäische Parlament und die Bundesregierung Maßnahmen zum Schutz des Verbrauchers ergriffen. Auch Erzeuger und Händler tragen dazu bei, indem sie Herkunft und Aufzucht der Tiere und ihre Verarbeitung offenlegen.

Was können Sie zum Schutz vor BSE tun?

Kaufen Sie Rindfleisch nur dort, wo man Ihnen auch zuverlässig Auskunft über seine Herkunft und Erzeugung geben kann.

Erkundigen Sie sich auch danach, welche Wurst- bzw. Fleischerzeugnisse keine Innereien vom Rind enthalten. Bei verpackten Fleischerzeugnissen informiert Sie die Zutatenliste über die Zusammensetzung.

Wenn Sie zur Zeit kein Rind- und Kalbfleisch essen wollen, haben Sie noch die Möglichkeit, z. B. auf Schweine-, Geflügel-, Kaninchen- oder Wildfleisch auszuweichen.

Wenig gepökelte Fleischerzeugnisse

Fleischerzeugnisse können Nitrat und auch Nitrit enthalten. Es wird bei der Herstellung zur Geschmacks- und Farbgebung zugesetzt, aber vor allem, um das Wachstum gefährlicher Bakterien zu verhindern. Die Nitritmenge im Pökelsalz ist gesetzlich vorgeschrieben.
Um die Nitrat- und Nitritzufuhr vorsorglich so niedrig wie möglich zu halten, sollten Sie von stark gepökelten Fleischerzeugnissen (z. B. geräuchertes Kasseler, geräucherter roher und gekochter Schinken, Salami und frische Mettwurst) nur wenig und nicht zu oft essen. Auf keinen Fall braten oder grillen!
Das gilt auch für geräucherten Speck. Dabei entstehen krebserregende Nitrosamine.
Das Überbacken von Gepökeltem mit Käse (z. B. Toast Hawaii oder Pizza) ist dagegen unbedenklich.

Salmonellen und EHEC in Fleisch und Geflügel (s. Lebensmittelverderb, S. 54)

TIP:
Vitamin-C-reiches Obst oder Gemüse (z. B. als Salat, Getränk oder Dessert) verringert das Risiko der Entstehung von möglicherweise krebserregenden Nitrosaminen nach dem Genuß von Gepökeltem.

Das Gelbe vom Ei?

Eier bereichern den Speiseplan und lassen sich vielseitig verwenden. Sie sind, in Kombination mit Kartoffeln oder Getreide, dazu Gemüse oder Salat, eine vollwertige Alternative an fleischfreien Tagen. Eier enthalten hochwertiges Eiweiß, die Vitamine A, D und E, B-Vitamine, Folsäure und Mineralstoffe wie Calcium, Eisen und Zink.

Doch nicht zu viel des Guten: Eigelb enthält auch reichlich Cholesterin (etwa 300 mg pro Ei) und Fett. Mehr als 2 bis 3 Eier in der Woche, inklusive der verarbeiteten Eier, sollten es darum nicht sein.

Zu viel Cholesterin und Fett, mit Eiern und anderen tierischen Lebensmitteln wie Fleisch, Wurst, Butter, Milch oder Käse zugeführt, können bei entsprechender Veranlagung die Entstehung von Fettstoffwechselstörungen, Herzinfarkt und Schlaganfall begünstigen.

Salmonellen im Ei (s. Lebensmittelverderb, S. 54)

Fette (Butter, Pflanzenmargarine und -öl)

Fett ist nicht gleich Fett

Zu Ihrer vollwertigen Kost gehört auch Fett – zwar in geringer Menge, aber in guter Qualität. Sie brauchen es für Ihre Versorgung mit den „fettlöslichen" Vitaminen A, D, E und K, mit lebensnotwendigen ungesättigten Fettsäuren (z. B. Linolsäure) und für die bessere Verwertung von Beta-Carotin, der Vorstufe von Vitamin A.

TIP:
Geben Sie zu grünem Gemüse, Karotten und Tomaten etwas Fett. Ihr Körper kann so das Beta-Carotin im Gemüse besser verwerten.

Bevorzugen Sie darum hochwertige pflanzliche Öle wie Sonnenblumen-, Weizenkeim-, Soja-, Raps- oder Olivenöl und hochwertige Margarine (z. B. Diät- oder Reformhausmargarine). Sie enthalten relativ viel ungesättigte Fettsäuren und kein Cholesterin und sind zur Vorbeugung und Behandlung eines erhöhten Blutfettspiegels, von Herzinfarkt, Schlaganfall und Arterienverkalkung zu empfehlen.

Machen Sie Ihre persönliche Fettbilanz

Fett nehmen Sie nicht nur mit Butter, Margarine oder Öl zu sich, sondern vor allem unsichtbar mit Fleisch, Wurst, Fisch, Eiern, Milch, Käse, Sahne, Mayonnaise, fritierten Lebensmitteln wie Pommes frites, Kartoffelchips, mit Schokolade, Kuchen oder Süßwaren. Diese Lebensmittel können relativ viel Fett, außerdem viele „schlechte" gesättigte Fettsäuren und Cholesterin enthalten. Zuviel davon kann auf Dauer und bei entsprechender Veranlagung leicht zu Übergewicht, Stoffwechsel- und Herz-Kreislauferkrankungen führen.

Insgesamt sollten es pro Tag nicht mehr als etwa
80 g Fett für den jungen, erwachsenen Mann,
70 g für die junge, erwachsene Frau,
65 g für den älteren Mann und
55 g für die ältere Frau sein.

Mit 1 bis 2 Eßlöffeln Pflanzenöl (10-20 g) und 1 bis 2 Eßlöffeln Streich- und Kochfett (10-20 g) ist schon mehr als die Hälfte der täglich empfohlenen Fettmenge für eine junge erwachsene Frau erreicht. Das restliche Fett liefern vor allem die fetthaltigen tierischen Lebensmittel.

Wenn Sie körperlich arbeiten, regelmäßig Sport treiben oder Sportler sind, brauchen Sie mehr Energie und können sich somit auch etwas mehr Fett leisten.

Der Fettgehalt folgender Lebensmittel zeigt Ihnen, wie schnell Sie mit welchen Lebensmitteln Ihr Maximum erreichen bzw. überschreiten und wie Sie Fett einsparen können.

Fettzufuhr im Tagesvergleich

Lebensmittel	Fett (g) Beispiel 1	Fett (g) Beispiel 2
5 Sch. Vollkornbrot, 250 g	3	3
1/4 l Milch (3,5 % Fett), 250 ml		9
1/4 l Milch (1,5 % Fett), 250 ml	4	
1 Sch. Butterkäse (60 % Fett i. Tr.), 30 g		10
1 Sch. Edamer (30 % Fett i. Tr.), 30 g	5	
1 EL Salatöl, 10 g	10	10
2 KL Butter o. Margarine, 10 g	8	8
1 Port. Pommes frites, 150 g		20
1 Port. Pellkartoffeln, 200 g	1	
1 Port. Erbsen und Möhren, 200 g:		
mit Sauce Hollandaise, 30 g		17
mit Butter, 10 g	9	
1 Schweineschnitzel, natur, 150 g	3	
1 Halskotelett, 150 g		14
1 Sch. Cervelatwurst, 30 g		13
1 Sch. gekochter Schinken, 30 g	3	
Gesamtfettmenge	**46**	**104**

Wie Sie Fett einsparen können

Essen Sie mehr pflanzliche Lebensmittel wie Getreideerzeugnisse, Kartoffeln, Gemüse, Hülsenfrüchte, Salat und Obst. Sie liefern wenig Fett und kein Cholesterin.

Bevorzugen Sie fettarmes Fleisch und fettarme Fleischerzeugnisse wie Kochschinken, Bierschinken, Corned Beef, Putenbrust, Bratenaufschnitt, Sülz- und Geflügelwurst und fettarme Käsesorten bis maximal 40 Prozent Fett in der Trockenmasse (F. i. Tr.).

Bei Streichwurst und -käse sind Butter oder Margarine auf dem Brot überflüssig. Sparen Sie auch mit Koch- und Backfett, Sahne, Ei oder Mayonnaise bei der Speisenzubereitung. Testen Sie, ob Sie bei Backrezepten die Fett- und Eimenge (z. B. kleine statt große Eier) verringern können. Fettärmer ist auch ein „Stich" Butter zum Gemüse statt einer Sauce Hollandaise oder Béarnaise und ein Salatdressing mit etwas Öl und Quark oder Joghurt statt mit Mayonnaise oder Creme fraîche.

Wählen Sie fettarme Garmethoden wie Grillen, Garen in guten Edelstahltöpfen, im Tontopf, in der Folie oder Mikrowelle, Braten in der beschichteten Pfanne.

Ist kaltgepreßtes Öl gesünder als raffiniertes Öl?

Für Ihre Gesundheit ist es gleich, welchem der beiden Öle Sie den Vorzug geben. Entscheidend ist, daß Sie ein Öl wählen, das reich an ungesättigten Fettsäuren ist (z. B. Sonnenblumen-, Weizenkeim-, Soja-, Raps- oder Olivenöl) und täglich nur geringe Mengen davon verwenden. Zur Schonung der Vitamine sollten Sie es kühl und dunkel aufbewahren, es möglichst zügig verbrauchen und nicht überhitzen. Verwenden Sie hochwertige Pflanzenöle hauptsächlich für die Salatzubereitung.

Ölproduktion

Ernte
↓
Lagerung/Vorbehandlung (zerkleinern)
↓
Pressung/Auslaugung (herauslösen)
↓
Rohes, kaltgepreßtes Öl
↓
Entschleimung (Pflanzenschleim, Trübstoffe)
↓
Entsäuerung (kratzend schmeckende Fettsäuren, Schimmelpilze)
↓
Bleichung (Farbstoffe, Schimmelpilze, Schadstoffe)
↓
Desodorierung (270 °C) (unerwünschte Geruchs- und Geschmacksstoffe, Schadstoffe)
↓
Raffiniertes Öl

Bei der Kaltpressung werden die Öle bis maximal 40 °C (= Reibungswärme beim Pressen) erhitzt. Vitamin E, ungesättigte Fettsäuren und der typische Geschmack und Geruch werden dadurch kaum beeinträchtigt. Allerdings: Der Gehalt an Schadstoffen (Rückstände von Pflanzenschutzmitteln, Schwermetallen und Schimmelpilzen) bleibt im kaltgepreßten Öl so erhalten, wie er auch in der Ölsaat vorhanden ist.

Bei der Warmpressung bzw. Raffination werden die unerwünschten Stoffe, auch kratzend schmeckende Fettsäuren, nahezu ganz entfernt. Raffiniertes Öl hat außerdem den Vorteil, daß es nicht so schnell verdirbt wie kaltgepreßtes. Es trägt ebenso gut zu Ihrer Versorgung mit ungesättigten Fettsäuren und Vitamin E bei, auch wenn eine geringe Menge Vitamin E bei der Raffination verloren geht. Diese Verluste werden am Ende des Herstellungsprozesses durch Zusatz von Vitamin E wieder ausgeglichen. Infolge natürlicher Schwankungen der Fettsäurezusammensetzung der Ölsaaten (z. B. durch Klima und Bodenbeschaffenheit) ist es möglich, daß ein raffiniertes Öl einen höheren Gehalt an ungesättigten Fettsäuren (z. B. Linolsäure) hat als ein kaltgepreßtes Öl der gleichen Sorte.

Sind gehärtete Fette gesundheitlich bedenklich?

Pflanzenöle werden durch technologische Verfahren wie Härtung bzw. Teilhärtung oder Umesterung streichfähig und hitzebeständig gemacht. Bei der Fetthärtung bilden sich sog. trans-Fettsäuren, die in größeren Mengen den Bedarf an wichtigen ungesättigten Fettsäuren erhöhen und einen Anstieg des (LDL-)Cholesterinspiegels im Blut bewirken können. Dadurch wird die Entstehung von Herz-Kreislauferkrankungen begünstigt. Ein direkter Zusammenhang zwischen der Aufnahme von trans-Fettsäuren und Herzinfarkt wird diskutiert. In der Ernährung der deutschen Bevölkerung sind trans-Fettsäuren im Durchschnitt nur in einer Menge von 4 g/Tag enthalten. Sie haben einen geringeren Einfluß auf die Entstehung von Herz-Kreislauferkrankungen als gesättigte Fettsäuren, die vor allem in fettreichen tierischen Lebensmitteln zu finden sind. Dennoch sollten Sie so wenig wie möglich trans-Fettsäuren mit der Nahrung aufnehmen. Trans-Fettsäuren können in billigen Streich- und Kochfetten, Knabberartikeln (z. B. Kartoffelchips), fertigen Pommes frites, Süßwaren, billigen Gebäckmischungen und Gebäck aus Blätterteig, Fertigsuppen und -soßen enthalten sein. Sie verbergen sich z. B. hinter der Verpackungsaufschrift „pflanzliche Fette, z. T. gehärtet". Trans-Fettsäuren sind außerdem von Natur aus in geringen Mengen im Fett von Rind-, Kalb-, Hammel- und Lammfleisch, in Butter, Sahne und in Rindfleischwaren (z. B. Corned Beef und Rindersalami) zu finden.

TIP:

Weizenkeim-, Raps- und Sonnenblumenöl sind reich an Vitamin E, das wie Vitamin C und Beta-Carotin möglicherweise vor Herz-Kreislaufstörungen, Herzinfarkt und Krebs schützen kann. Ein Kaffeelöffel Weizenkeimöl reicht bereits aus, um mit der täglich empfohlenen Vitamin-E-Menge versorgt zu sein.
Bevorzugen Sie Öl in dunklen Flaschen oder bewahren Sie das Öl dunkel auf. Das schont das lichtempfindliche Vitamin E.

Ist Butter oder Margarine gesünder?

Ein Lebensmittel, ob Butter oder Margarine, ist weder gesund noch ungesund. Auf die tägliche Verzehrsmenge kommt es an. In geringer Menge (etwa 1-2 Eßlöffel Streich- und Kochfett am Tag) kann der Gesunde beide Fettsorten verwenden. Butter ist leichtverdaulich und hat manchmal geschmackliche Vorteile. In alternativen Kostformen wird sie empfohlen, weil sie nahezu „naturbelassen" ist. Margarine dagegen wird abgelehnt. Begründung: Sie ist industriell hergestellt und kann gehärtete Fette enthalten. Die gesundheitlichen Vorteile der Margarine – sie enthält kein Cholesterin und weit mehr ungesättigte Fettsäuren als Butter – bleiben häufig unbeachtet. Wer einen erhöhten Blutcholesterinspiegel hat, sollte darum besser Margarine mit einem hohen Gehalt an ungesättigten Fettsäuren bevorzugen (z. B. Diät- oder Reformhausmargarine). Diese können den Cholesterinspiegel senken.

TIP:

Diätmargarine und Reformhausmargarine sind praktisch frei von trans-Fettsäuren.

Süßungsmittel

Zucker – ein purer Energielieferant

TIP:

Gewöhnen Sie sich langsam an weniger Süßes und Süße, z. B. beim Kaffee, Tee, Dessert oder Kuchen.
Versuchen Sie einmal, statt Süßigkeiten oder Schokolade öfter süßes Obst, leicht gesüßte Joghurt-, Quark- und Milchspeisen oder etwas Vollkorngebäck oder Trockenobst zu essen. Trockenobst enthält zwar relativ viel Fruchtzucker, aber auch Vitamine, Mineralstoffe und Ballaststoffe.

Wenn Sie gern Süßes mögen, müssen Sie nicht ganz darauf verzichten. Ist Ihre Kost insgesamt vollwertig, dann können Sie sich ruhig hin und wieder kleine Mengen Süßes gönnen – mit Genuß und ohne schlechtes Gewissen.

Weißer oder brauner Zucker, Honig und Sirup sind Süßungsmittel, die zwar gut schmecken, auf die Sie aber ohne Probleme verzichten könnten. Den Zucker, den Ihr Körper zur Energiegewinnung und für die Gehirntätigkeit braucht, holt er sich aus Brot, Reis, Nudeln, Kartoffeln, Gemüse, Obst und Milch. Diese Lebensmittel liefern Ihnen gleichzeitig andere wichtige Nährstoffe wie Eiweiß, Vitamine, Mineralstoffe und Ballaststoffe, die in den Süßungsmitteln nicht oder nur in unbedeutenden Spuren vorkommen. Reiner Zucker ist nämlich ein „leerer", d. h. purer Kalorienspender.

Je weniger Zucker Sie mit Lebensmitteln und Getränken aufnehmen und je gründlicher Sie sich nach dem Essen die Zähne putzen, desto besser ist die Vorbeugung vor Karies und einem Nährstoffmangel. Letzterer ist dann möglich, wenn z. B. nährstoffreiche Mahlzeiten extrem häufig durch viel Süßes verdrängt oder ersetzt werden.

Ist Zucker ein Vitaminräuber?

Zucker kam in den Verruf, ein Vitaminräuber zu sein, weil angenommen wurde, beim Zuckerabbau im Körper würde Vitamin B_1 verbraucht. Vitamin B_1 wird zwar zum Zucker- bzw. Kohlenhydratabbau benötigt, aber dabei nicht verbraucht. Der Zucker trägt allerdings nicht selbst zur Vitamin-B_1-Versorgung bei, wie es andere Kohlenhydrat- bzw. Zuckerlieferanten wie Brot, Kartoffeln und Hülsenfrüchte tun.
Reiner Zucker wird also „auf Kosten" anderer Lebensmittel, die Vitamin B_1 bereitstellen, abgebaut.

Ist brauner Rohzucker besser als weißer Raffinadezucker?

Rohzucker ist ein Zwischenprodukt bei der Herstellung von weißem Zucker. Er ist nicht gereinigt und erhitzt und enthält darum mehr Feuchtigkeit und Sirupreste. Diese machen den Zucker braun, aber nicht wertvoller als weißen Zucker. Brauner Zucker enthält nur minimale Mengen Vitamine und Mineralstoffe, die nicht ins Gewicht fallen.

Ist Honig vorteilhafter als Zucker?

Honig ist ein schmackhafter Brotbelag und eignet sich auch gut zum Süßen von Desserts, Kuchen und Gebäck. Er besteht zu 80 Prozent aus Zucker. Der Rest ist hauptsächlich Wasser. Die winzigen Spuren Vitamine und Mineralstoffe, die Enzyme, Geschmacks- und Aromastoffe machen den Honig aber als Süßungsmittel nicht empfehlenswerter als Zucker. Auch Honig sollte nicht in großen Mengen genossen werden.

Ist Süßstoff krebserregend?

In verzehrsüblichen Mengen ist Süßstoff für Erwachsene nicht gesundheitsschädlich. Das haben langjährige Untersuchungen und Kontrollen verschiedener Krebsforschungsinstitute in Deutschland ergeben.

Zum Schutz des Verbrauchers hat die Weltgesundheitsorganisation (WHO) Verzehrsgrenzwerte für Erwachsene, sog. ADI-Werte (akzeptable tägliche Dosis) festgelegt.
Die Sicherheitsspanne ist so hoch, daß ein gesundheitliches Risiko selbst bei lebenslänglichem täglichem Verzehr von Süßstoff ausgeschlossen werden kann.

TIP:

Für Süßstoff gilt – besonders für Kinder – ebenso wie für Zucker: so wenig wie möglich. Auch Süßstoff kann die Vorliebe für Süßes fördern. Besser ist es, sich grundsätzlich an weniger Süße bei Lebensmitteln, Speisen und Getränken zu gewöhnen.

Akzeptable Süßstoffmenge pro Tag und Kilogramm Körpergewicht in Milligramm (mg)

Saccharin	bis 5 mg
Neohesperidin	bis 5 mg
Cyclamat	bis 11 mg
Acesulfam K	bis 15 mg
Aspartam	bis 40 mg
Thaumatin	ohne Einschränkung

Beispiel:
Eine erwachsene Frau, die 68 Kilogramm wiegt, könnte demnach täglich:
748 mg Cyclamat bzw. 19 Süßtabletten (à 40 mg Cyclamat),
340 mg Saccharin bzw. 21 Tabletten (à 16 mg Saccharin) oder
2720 mg Aspartam bzw. 151 Tabletten (à 18 mg Aspartam) zu sich nehmen.

Essen – ein Risiko?

Schadstoffe in der Nahrung

Mit zunehmendem Wohlstand ist in der Bundesrepublik Deutschland die Zahl ernährungsmitbedingter Krankheiten angestiegen. Dies hängt aber nicht mit dem Verzehr „schadstoffhaltiger" Lebensmittel zusammen. Falsches Eß- und Trinkverhalten und Mangel an Bewegung haben die Entstehung von Herz-Kreislauferkrankungen, Karies, Gicht, Zuckerkrankheit, Gallen- und Leber-, Magen- und Darmerkrankungen etc. verursacht oder zumindest mitverursacht. Dennoch wird allgemein, das heißt seitens der Medien und der Bevölkerung, den Umweltschadstoffen mehr Beachtung geschenkt. Damit soll die derzeitige Schadstoffsituation sicher nicht verharmlost werden! Sie gibt aber keinen Anlaß dafür, mit Angst zu essen. Im Gegenteil, das zunehmende Umweltbewußtsein, die Fortschritte in der Erforschung und Entwicklung neuer, umweltschonenderer Kraftfahrzeuge, Pflanzenschutzmittel, landwirtschaftlicher Anbaumethoden und industrieller Rohstoffverwertung und letztlich die gesetzlichen Vorkehrungen zum Schutz des Verbrauchers haben zur Verbesserung der Situation beigetragen und lassen hoffen, daß die Schadstoffbelastung immer geringer wird.

Selbst wenn ein Lebensmittel den gesetzlichen Höchst-, Richt- oder Orientierungswert überschreiten sollte, ist nach seinem Verzehr nicht mit einer Gesundheitsgefährdung zu rechnen. Der Gesetzgeber hat bewußt zu Ihrem Schutz hohe Sicherheitsspannen einkalkuliert. Desweiteren können Sie den Schadstoffgehalt eines Lebensmittels durch gründliches Waschen, Putzen und Garen verringern. Und schließlich: Mit Ihrem Einkaufs- und Eßverhalten beeinflussen Sie entscheidend Ihre gesamte Schadstoffbelastung.

Was sind Schadstoffe?

Bei den Schadstoffen unterscheidet man Verunreinigungen und Rückstände. Zu den Verunreinigungen gehören z. B. Schwermetalle wie Blei, Cadmium und Quecksilber, Organochlorverbindungen (z. B. Polychlorierte Biphenyle bzw. PCB's) und Nitrat. Sie kommen aus der industriellen und landwirtschaftlichen Produktion, aus Verbrennung von Kohle, Heizöl und Müll und aus den Abgasen des Kraftverkehrs. Verunreinigungen sind überall in der Luft, im Boden und im Wasser verbreitet.

Im landwirtschaftlichen Bereich werden zur Sicherstellung oder Steigerung der Erzeugung sowie zur Gesunderhaltung von Tierbeständen Tierarzneimittel, Futtermittelzusatzstoffe und Pflanzenschutzmittel eingesetzt. Wird die vorgeschriebene Menge und Wartezeit bis zur Ausscheidung bzw. bis zum Abbau nicht eingehalten, sind Rückstände von diesen Stoffen in pflanzlichen und tierischen Erzeugnissen möglich.

Gesetzlicher Verbraucherschutz

Zum Schutz des Verbrauchers wurden in Deutschland bereits gesetzliche Maßnahmen ergriffen, die zur zunehmenden Verringerung der Schadstoffbelastung beigetragen haben, z. B.:

- Anwendungsverbote und Herstellungsbeschränkungen für gesundheitsschädliche Tierarznei- und Pflanzenschutzmittel sowie Futtermittelzusatzstoffe,
- Höchstmengenverordnungen für Pflanzenschutzmittel- und Tierarzneimittelrückstände sowie für Nitrat in bestimmten Gemüsesorten,
- Richt- und Orientierungswerte für Schwermetalle und Nitrat,
- Intensivierung und Verschärfung der Kontrollen, vor allem auf Erzeugerebene,
- Benzin-Blei-Gesetz,
- Technische Anleitung zur Reinhaltung der Luft,
- Klärschlamm-Verordnung und abwasserhygienische Kontrollen.

Bewertung der Schadstoffsituation

Nach den letzten Untersuchungsergebnissen ist eine Gefährdung der Gesundheit des Verbrauchers durch den Verzehr rückstandshaltiger und verunreinigter Lebensmittel nicht zu erkennen und in Zukunft auch nicht zu befürchten. Das ist zwar beruhigend, aber kein Grund, die Hände in den Schoß zu legen. Es müssen weitere Maßnahmen zum Umweltschutz getroffen, Höchstmengen festgelegt, Kontrollen intensiviert und Strafen bei Mißachtung der Gesetze verschärft werden. Auch der Beitrag jedes einzelnen Verbrauchers zum Umweltschutz ist von großer Bedeutung, wenn es um eine geringere Schadstoffbelastung der Lebensmittel geht.

Fremdstoffe in der Nahrungskette

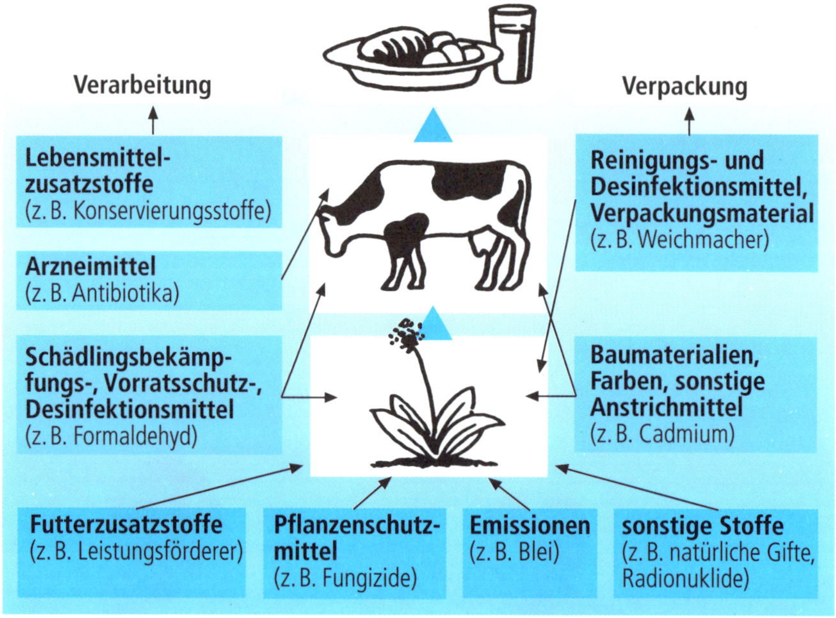

Was Sie persönlich für eine möglichst geringe Schadstoffbelastung tun können

Überlassen Sie den Schutz Ihrer Gesundheit nicht nur dem Gesetzgeber. Auch Sie haben viele Möglichkeiten, Ihre Belastung mit Schadstoffen so gering wie möglich zu halten:

- Essen Sie grundsätzlich abwechslungsreich und vollwertig. Eine einseitige Auswahl an Lebensmitteln kann eine einseitig stärkere Belastung mit bestimmten Schadstoffen mit sich bringen.
- Essen Sie Innereien höchstens alle 2 bis 3 Wochen. Meiden Sie Hasenleber und -nieren. In Innereien konzentriert sich der Schadstoffgehalt.
- Essen Sie reichlich Gemüse, Salat und Obst. Eine vitaminreiche Kost stärkt Ihre Abwehrkräfte auch gegen die Belastungen aus der Umwelt und trägt möglicherweise zum Schutz vor verschiedenen Erkrankungen und Krebs bei.

- Bevorzugen Sie Freilandgemüse und Obst der Saison aus heimischem Anbau.
- Waschen und putzen Sie Gemüse, Salat, Kartoffeln und Obst sehr gründlich. Verunreinigungen haften hauptsächlich auf Schalen und Außenblättern.
- Meiden Sie pflanzliche Erzeugnisse aus Gärten bzw. von Feldern in der Nähe stark befahrener Straßen, Industrieanlagen, Kraftwerken oder aus dem Straßenverkauf.
- Essen Sie Wildpilze, insbesondere Anischampignons, höchstens 1 bis 2 mal in der Woche (insgesamt 200 bis 250 g).
- Essen Sie ballaststoffreich bzw. bevorzugt Vollkornerzeugnisse. Ballaststoffe binden Schadstoffe im Darm, die dann mit dem Stuhl ausgeschieden werden.
- Wenn Sie Erzeugnisse aus dem ökologischen oder integrierten Landbau bevorzugen, tragen Sie gleichzeitig zum Umwelt- und Naturschutz bei.

Sind Lebensmittel aus dem ökologischen Landbau schadstofffrei?

Schadstofffreie Lebensmittel gibt es nicht. Auch im ökologischen Landbau können pflanzliche Erzeugnisse nicht vor Verunreinigungen aus der Luft (z. B. PCB's) geschützt werden. Allerdings: Rückstände von chemisch-synthetischen Pflanzenschutzmitteln und mineralischem Stickstoffdünger kommen in „Bio"-Erzeugnissen nicht vor. Es sei denn, das Feld oder die Weiden wurden kurz vorher „konventionell" bearbeitet oder Pflanzenschutzmittel werden über die Luft von Nachbarfeldern übertragen.

Die bisherigen Untersuchungen deuten darauf hin, daß es zwischen Erzeugnissen aus konventionellem und ökologischem Landbau keine bedeutenden Unterschiede im Schadstoffgehalt gibt. Günstigere Nitratwerte bei ökologischen Erzeugnissen beruhen weniger auf der Anbaumethode. Vorwiegend bestimmen die Düngermenge, egal ob natürlicher oder Mineraldünger, die pflanzenspezifische Nitratspeicherung und vor allem die Lichteinwirkung (niedrigste Gehalte im Freilandanbau während lichtstarker Monate) die Nitratmenge in der Pflanze.

Grundsätzlich ist der ökologische Landbau zu begrüßen und zu fördern. Bei Einhaltung der vorgeschriebenen Anbaurichtlinien trägt er durch den Verzicht auf „Chemie" nicht nur zu einer geringeren Schadstoffbelastung bei, sondern auch zum Umweltschutz, zur Erhaltung ländlicher Strukturen und zu einer artgerechten Tierhaltung.

Derartige Ziele verfolgt auch der sog. „integrierte" Pflanzenschutz. Er wird bereits jetzt und in Zukunft noch stärker in der konventionellen Landwirtschaft berücksichtigt. Zwar sind dort chemische Pflanzenschutzmittel nicht verboten, ihre Anwendung soll aber grundsätzlich durch stärkere Beachtung biologischer, pflanzenzüchterischer Anbau- und kulturtechnischer Maßnahmen auf ein Minimum verringert werden. Bei sachgemäßer Anwendung von chemisch-synthetischen Pflanzenschutz- und Düngemitteln sowie Futtermittelzusatzstoffen (= Einhaltung der vorgeschriebenen Menge und Wartezeit bis zur Ernte) sind auch in „konventionell" erzeugten Lebensmitteln keine Rückstände oder nur unbedenkliche Restmengen zu finden.

Der Verzehr von Lebensmitteln aus „konventionellem" Anbau ist keinesfalls gesundheitsschädlich!

„Industriekost" – nein danke?

Industriell vorgefertigte oder fertig erzeugte Lebensmittel und Gerichte enthalten keine gesundheitsschädlichen Stoffe. Sie sind auch nicht ernährungsphysiologisch wertlos bzw. nährstoffarm. Die Produktion erfolgt in Anlehnung an herkömmliche Verarbeitungs- und Konservierungsverfahren (z. B. Erhitzen) und zum Teil unter Einsatz von herkömmlichen Konservierungsstoffen (z. B. Salz, Säure, Zucker).

Obst und Gemüse werden von der lebensmittelverarbeitenden Industrie sofort nach der Ernte frisch und möglichst nährstoffschonend verarbeitet. Tiefgefroren können sie sogar qualitativ hochwertiger sein als rohes Obst und Gemüse, das überlagert, lange gegart oder eingekocht wurde.

Tiefgefrorenes Gemüse „pur" und Beerenobst sind immer eine empfehlenswerte Alternative, wenn das Angebot der Jahreszeit nur wenig Abwechslung bietet (z. B. im Frühjahr) oder Frisches nicht kurzfristig besorgt werden kann.

Machen Zusatzstoffe in Lebensmitteln krank?

Krankheiten durch Zusatzstoffe in Lebensmitteln sind bisher nicht nachgewiesen. Bei entsprechender Veranlagung kann es allerdings zu Unverträglichkeiten durch Zusatzstoffe wie Konservierungsstoffe, Farbstoffe oder dem Geschmacksverstärker Natriumglutamat kommen. Sie äußern sich z. B. in Hautrötungen, Übelkeit, Kopfschmerzen, Hitzegefühl, Atembeklemmung, Herzklopfen, Durchfällen oder Asthma. In der Gesamtbevölkerung sind jedoch nur etwa 0,03 bis 0,12 Prozent von diesen Unverträglichkeitsreaktionen betroffen.

Lebensmittel, die während der Lagerung im Handel oder Privathaushalt leicht verderben, wie Milch-, Fleisch- und Fischerzeugnisse, Fertigcremes und Mayonnaisen sowie Fertiggerichte, Fertigsuppen und -soßen können zum gesundheitlichen Schutz des Verbrauchers Konservierungsstoffe enthalten. Dies muß auf der Verpackung kenntlich gemacht werden. Es sind gesetzlich zugelassene Zusatzstoffe. Sie werden, wie auch die Stabilisatoren, Verdikkungsmittel, Antioxidantien (z. B. Vitamin C) und Backtriebmittel, nach toxikologischer Prüfung und nur bei hygienischer und technologischer Notwendigkeit bis zu gesetzlich vorgeschriebenen Höchstmengen eingesetzt. Der Zusatz von Farb-, Geschmacks- und Aromastoffen ist zwar nicht immer erforderlich. Sie werden aber zum Teil auf Wunsch bzw. Nachfrage des Verbrauchers nach farb-, aroma- und geschmacksintensiven Lebensmitteln (z. B. Milcherzeugnisse und Süßigkeiten) verwendet.

TIP:
Sie kommen weitgehend ohne Zusatzstoffe aus, wenn Sie frische Lebensmittel bevorzugen und auf Fertigerzeugnisse und Fertiggerichte verzichten.

Wenn Sie Lebensmittel mit Zusatzstoffen meiden möchten, lesen Sie die Zutatenliste auf der Verpackung. Nicht jeder Fruchtjoghurt ist mit Farben und Aromen „schön" gemacht. Beachten Sie aber das Mindesthaltbarkeitsdatum. Fruchtjoghurt ohne Konservierungsstoffe hat eine kürzere Haltbarkeit.

Neuartige und gentechnisch veränderte Lebensmittel auf dem Markt

Noch ist sie nicht auf dem deutschen Markt zu finden, die gentechnisch erzeugte „Anti-Matsch"-Tomate. Doch das wird sich ändern; einerseits sind die gesetzlichen Regelungen zum Inverkehrbringen von neuartigen Lebensmitteln und Lebensmittelzutaten (Novel-Food-Verordnung) seit über einem Jahr in allen Mitgliedstaaten der Europäischen Union in Kraft und andererseits werden immer mehr „neuartige" Erzeugnisse zum Inverkehrbringen angemeldet. Dann heißt es für Sie erst recht: Augen auf beim Kauf.

Das bereits vielfältige, unüberschaubare Warenangebot wird noch verwirrender. „Neuartiges", nie oder nur in geringen Mengen Dagewesenes wird es dann möglicherweise im Handel geben, z. B. Erzeugnisse, die Algen, Käferlarven, Heuschrecken, Fettersatzstoffe oder Lupinenmehl enthalten; Produkte, die Öl, Lecithin oder Proteine aus gentechnisch veränderten Sojabohnen enthalten; gentechnisch veränderte Tomaten und daraus hergestellter Ketchup;

Zucker aus gentechnisch veränderten Zuckerrüben; Joghurt mit gentechnisch veränderten Milchsäurebakterien; Bier mit gentechnisch veränderter Hefe hergestellt oder Milch von Kühen, die mit gentechnisch hergestellten Wachstumshormonen behandelt wurden.

Nutzen und Risiken gentechnisch veränderter Lebensmittel

Gentechnik ist keine neue Entwicklung unseres Jahrhunderts, sondern die Fortentwicklung traditioneller, klassischer Verfahren. Ihr Ziel ist es, weltweit die Lebensgrundlagen des Menschen in Bezug auf Gesundheit, Ernährung und Umwelt zu sichern.

Gentechnik macht es möglich, gezielt Eigenschaften von einem Organismus auch auf artfremde zu übertragen. Dadurch können beispielsweise Pflanzen mit erhöhter Abwehrkraft gegenüber Krankheiten und Schädlingen und/oder mit verbesserten Produkteigenschaften, wie erhöhtem Nährwert, verringertem Allergiepotential oder längerer Haltbarkeit gezüchtet werden. Widerstandsfähige Pflanzen würden den Einsatz von chemischen Schädlingsbekämpfungsmitteln vermindern und damit die Umwelt entlasten. Auch die natürliche Widerstandskraft von Nutztieren kann mit Hilfe der Gentechnik gestärkt werden. Das würde beispielsweise den Einsatz von Tierarzneimitteln und die Belastung der Lebensmittel mit Rückständen vermindern.

Die Gentechnik kann wie jede andere Technik Risiken für Mensch und Umwelt bergen. Allerdings: Die Wahrscheinlichkeit für eine mögliche Gesundheitsgefährdung (z. B. durch Übertragung von krankheitserregenden, allergenen oder giftigen Eigenschaften der Spenderorganismen) durch gentechnisch veränderte Lebensmittel ist gering. Die Risiken werden nicht höher oder völlig andersartig als bei konventionellen lebensmitteltechnologischen Verfahren bewertet.

Werden aus einem Lebensmittel die lebenden gentechnisch veränderten Organismen entfernt oder inaktiviert, kann es wie ein klassisch hergestelltes Lebensmittel bewertet werden. Nach der Novel-Food-Verordnung soll ein Erzeugnis nur dann gekennzeichnet werden, wenn es sich von dem vergleichbaren traditionellen Produkt unterscheidet und dieser Unterschied z. B. ernährungsphysiologische Auswirkungen bedingt. Eine Kennzeichnung ist ferner bei Lebensmitteln vorgesehen, die selbst ein lebender gentechnisch veränderter Organismus sind (z. B. die „Gen"-Tomate) oder einen solchen noch enthalten (z. B. Joghurt mit gentechnisch veränderten Milchsäurebakterien).

Bevor neuartige Lebensmittel auf den deutschen Markt kommen, durchlaufen sie ein Anmelde- oder ein Genehmigungsverfahren. Mit Inkrafttreten der

Novel-Food-Verordnung wird das besonders für gentechnisch veränderte Lebensmittel gelten. Damit Sie beim Einkauf weiterhin frei entscheiden können, fordert die DGE ebenso wie die Bundesregierung und verschiedene Verbraucherorganisationen eine umfassende Kennzeichnung aller gentechnisch veränderten Lebensmittel und ihrer Inhaltsstoffe.

Bestrahlte Lebensmittel – eine Strahlengefahr?

Die Behandlung der Lebensmittel mit ionisierenden Strahlen (z. B. Gamma-, Elektronen- oder Röntgenstrahlen) ist eine von mehreren Möglichkeiten, Lebensmittel vor dem Verderb zu schützen und ihren einwandfreien hygienischen Zustand zu gewährleisten. Sie soll aber nicht die klassischen Konservierungsverfahren ersetzen und darf auch nicht mangelnde Hygiene oder nachlässige Herstellungspraxis verdecken.
Die Bestrahlung ist in vielen Staaten bereits zugelassen. Dazu gehören auch Mitgliedstaaten der Europäischen Gemeinschaft wie Belgien, Niederlande und Frankreich. In Deutschland ist die Bestrahlung von Lebensmitteln für den Export zwar erlaubt, aber die Vermarktung von bestrahlten Lebensmitteln ist weiterhin in Deutschland verboten, auch wenn sie in anderen EU-Mitgliedstaaten verkehrsfähig sind. Allerdings: Nationale und internationale Expertengremien wie auch die Weltgesundheitsorganisation (WHO) halten den Verzehr von Lebensmitteln, die nach festgelegten Regeln bestrahlt wurden, für gesundheitlich unbedenklich. Das haben vielzählige und langjährige Untersuchungen ergeben.

In Entwicklungsländern kann die Bestrahlung einen wirkungsvollen Beitrag zur Verringerung von Hunger und Krankheiten leisten. In Deutschland dagegen besteht in der Regel keine dringende Notwendigkeit dafür, übliche Verfahren zur Konservierung bzw. Keimabtötung durch die Bestrahlung zu ersetzen. Bedarf bestünde allenfalls bei der Entkeimung von Gewürzen und Trockengemüse, die häufig stark mikrobiell belastet sind. Hierfür gibt es bisher kaum geeignete qualitätsschonende Verfahren. Interessant wäre auch die Bestrahlung von Geflügel, Eiern und Eiprodukten, die immer noch ein Risiko für Salmonelleninfektionen sind. Allerdings: Verbesserte Vorsorgemaßnahmen auf Erzeugerebene und mehr Hygiene im Umgang mit salmonellengefährdeten Lebensmitteln im Haushalt machen die Bestrahlung auch in diesem Bereich unnötig.

Sobald sich die europäischen Staaten über das Inverkehrbringen bestrahlter Lebensmittel geeinigt haben, wird ihr „Einzug" in Deutschland nicht mehr aufzuhalten sein. Erlaubt werden soll dann in den EU-Mitgliedstaaten die Bestrahlung bei: Trockengemüse, Hülsenfrüchten, Getreideflocken, getrockneten aromatischen Kräutern und Gewürzen, vorbehandelten Garnelen, entbeintem Geflügelfleisch und Gummi arabicum (Verdickungsmittel, z. B. in Konditoreiwaren).

Die geforderte Kennzeichnungspflicht, z. B. „bestrahlt" oder „mit ionisierenden Strahlen behandelt", wird es Ihnen ermöglichen, sich für oder gegen diese Erzeugnisse zu entscheiden.

Gefahren aus dem Mikrowellengerät?

Eine Gesundheitsgefährdung bei sachgemäßer Bedienung des Mikrowellengerätes und durch den Verzehr der darin aufgetauten, erwärmten oder gegarten Lebensmittel und Speisen kann ausgeschlossen werden. Mikrowellen erzeugen auch keinen Krebs oder krebserregende Stoffe in Lebensmitteln.

Mikrowellen sind elektromagnetische Wellen, die nicht mit Röntgen- oder UV-Strahlen, sondern mit Radio- oder Fernsehübertragungswellen vergleichbar sind. Sie dringen in das Lebensmittel ein und bringen Wassermoleküle in Bewegung. Dadurch entsteht Reibungswärme, die das Lebensmittel erhitzt. Garen, schnelles Auftauen und rasches Wiedererwärmen in der Mikrowelle ist nährstoffschonend und unterscheidet sich nicht von konventionellen Garmethoden.

Wichtig: Achten Sie beim Wiedererwärmen fertig zubereiteter Lebensmittel und Gerichte auf eine vollständige, gleichmäßige und ausreichende Erhitzung aller Komponenten (z. B. Fleisch, Gemüse und Kartoffeln). Suppen, Soßen, pürierte und passierte Speisen zwischendurch umrühren. Damit schließen Sie die Möglichkeit eines hygienischen Risikos durch Bakterien bei unzureichender Erhitzung aus.

Beachten Sie die Bedienungshinweise des Geräteherstellers!

Lebensmittelverderb

Frische eiweißhaltige Lebensmittel verderben leicht, besonders Hackfleisch, Pilze, Fleisch, Wurst, Fisch, Geflügel, Eier, Milch und Milcherzeugnisse, mayonnaisehaltige Salate und fertige Speisen. Feuchtigkeit, Wärme und mangelhafte Hygiene bei der Lagerung und Zubereitung der Lebensmittel sind ideale Voraussetzungen für die Vermehrung von Bakterien (z. B. Salmonellen, Listerien und EHEC) und Schimmelpilzen, die giftige Stoffe (sog. Toxine) entwickeln können.

Die ersten Anzeichen einer Bakterien- oder Pilzinfektion können Durchfall und Erbrechen sein, aber auch schwere Magen-, Darm-, Nieren- und Nervenerkrankungen sind möglich. Im Extremfall kann es bei empfindlichen Personen wie Säuglingen, Kindern, älteren Menschen und Schwangeren zum Tod kommen.

Wie Sie Lebensmittelinfektionen und -vergiftungen vorbeugen können

- Bewahren Sie leichtverderbliche frische Lebensmittel und fertige Speisen nur kurz im Kühlschrank bei Temperaturen zwischen 2 ° C und 8 ° C (regelmäßig kontrollieren!) auf.
- Verarbeiten Sie Hackfleisch noch am Tag des Einkaufs.
- Beachten Sie bei verpackten Lebensmitteln das Mindesthaltbarkeits- bzw. Verbrauchsdatum.
- Garen bzw. braten Sie Geflügel, Hackfleisch, Fleisch, Fisch und Eier immer gut durch.
- Verarbeiten Sie frische Lebensmittel grundsätzlich unter hygienischen Bedingungen, d. h. an einem sauberen Arbeitsplatz und mit sauberen Händen. Benutzen Sie nur saubere Wischlappen und Handtücher in der Küche.
- Wischen Sie den Kühlschrank mindestens einmal im Monat, nach Bedarf natürlich häufiger, gründlich aus.
- Bringen Sie Fleischsaft, insbesondere von Geflügel, nicht mit anderen Lebensmitteln in Berührung.
- Achten Sie bei der Zubereitung oder beim Wiederaufwärmen von Speisen in der Mikrowelle auf eine gleichmäßige Erhitzung. Suppen, Soßen oder Gemüse zwischendurch umrühren.
- Halten Sie Speisereste nicht lange warm, sondern kühlen Sie sie schnell herunter (z. B. im kalten Wasserbad) und stellen Sie sie dann in den Kühlschrank. Vor dem Verzehr noch einmal gut aufkochen.
- Kochen Sie Rohmilch, die Sie direkt ab Hof kaufen, vor dem Verzehr gut auf.
- Kaufen Sie möglichst frische Eier (s. Lege- oder Mindesthaltbarkeitsdatum auf der Verpackung bzw. auf dem Verkaufsschild).
- Bewahren Sie Eier gleich nach dem Einkauf im Kühlschrank auf und verbrauchen Sie sie bald. Nach Ablauf des Mindesthaltbarkeitsdatums können Eier nur gegessen werden, wenn sie gut durcherhitzt sind.
- Essen Sie keine rohen Eier oder Speisen, die mit rohem Eigelb oder Eiweiß zubereitet wurden. Sie sind auf der sicheren Seite, wenn Sie hartgekochte Eier und Spiegeleier, von beiden Seiten gebacken, bevorzugen. Diese Vorsichtsmaßnahme ist aber nicht notwendig, wenn Sie wirklich frische Eier verwenden.
- Gekochte, gebratene oder gebackene Eier und eihaltige Speisen (z. B. Salate mit frischer Mayonnaise) nicht bei Zimmertemperatur stehen lassen. Sie gehören bis zum Verzehr in den Kühlschrank.

Alternative Lebensmittel und ökologischer Landbau

Was sind „alternative" Lebensmittel?

Die meisten Verbraucher verstehen darunter in erster Linie Erzeugnisse aus biologischer bzw. ökologischer Landwirtschaft. Produkte also, die ohne „Chemie" erzeugt wurden. Als „alternative" Lebensmittel gelten aber auch Erzeugnisse, die industriell nur wenig behandelt sind und keine bzw. nur geringe Mengen an Zusatzstoffen enthalten. Dazu gehören auch: Getreidekörner und -schrot, wenig verwendete Getreidesorten wie Hirse, Buchweizen und Grünkern, Vollkornerzeugnisse wie Vollkornmehl, Vollkornbrot, Vollkornnudeln, Naturreis, Keimlinge aus Getreidekörnern und den Samen von Hülsenfrüchten sowie Sojaprodukte wie Tofu und Tempeh.

Mit dem alleinigen Verzehr dieser alternativen Lebensmittel ist allerdings noch keine vollwertige Ernährung gewährleistet. Es gibt kein einziges Lebensmittel, das alle lebensnotwendigen Nährstoffe in ausreichender Menge enthält (Ausnahme: Muttermilch für die ersten 4 bis 6 Lebensmonate des Säuglings).

Haben „ökologisch" erzeugte Lebensmittel einen höheren Nährstoffgehalt als konventionell erzeugte?

Zwischen Lebensmitteln aus ökologischer und konventioneller Landwirtschaft gibt es in der Regel keine gravierenden Unterschiede im Nährstoffgehalt. Dennoch festgestellte Unterschiede sind weniger auf die Anbaumethode als auf die Sorte, den Standort, die Witterung und die Bodenbeschaffenheit zurückzuführen. Wesentlich für Sie als Verbraucher ist die Frische des Lebensmittels und seine schonende Verarbeitung; gleichgültig, aus welchem Anbau es stammt.

Sind „Bio"-Lebensmittel wirklich „ökologisch" erzeugt?

Immer mehr Verbraucher kaufen gelegentlich oder regelmäßig „Bio-Erzeugnisse". Hauptsächlich junge Leute und Familien mit Kindern tun dies aus gesundheitlichen Gründen und um einen Beitrag zum Umwelt- und Naturschutz zu leisten. Häufig wird von ihnen der angeblich bessere Geschmack der Produkte aus ökologischem Anbau hervorgehoben.

Mit der steigenden Nachfrage ist auch das Angebot im Handel aus dem In- und Ausland gewachsen. Verwirrend sind die Produktbezeichnungen. Namen wie „Bio", „Öko", „Natur", „Naturland", „Bioland", „demeter", „alnatura" oder „Vollwert" stehen auf der Verpackung oder auf dem Verkaufsschild. Was steckt hinter diesen Bezeichnungen? Halten die Produkte, was ihr Name verspricht? Welche sind wirklich ökologisch erzeugt und woran erkennt man sie? Fragen, die sich jedem stellen, der bewußt einkauft.

Seit 1993 regelt die „Öko-Verordnung" der Europäischen Gemeinschaft, wie pflanzliche „Öko"-Produkte zu erzeugen sind, gekennzeichnet werden dürfen und wie dies kontrolliert werden muß. Danach darf nur noch dann mit der Bezeichnung „biologisch", „ökologisch", „natürlich", „naturgemäß" geworben werden, wenn das Lebensmittel bestimmte Rahmenrichtlinien erfüllt. Zusätzlich können die Produkte mit dem Hinweis „Ökologische Agrarwirtschaft - EWG Kontrollsystem" gekennzeichnet werden. Mit dieser freiwilligen Kennzeichnung wird dem Verbraucher versichert, daß Mindeststandards für die Erzeugung von pflanzlichen Produkten eingehalten wurden und das Lebensmittel der EU-einheitlichen Kontrolle unterliegt.

In verarbeiteten Öko-Produkten müssen in der Regel mindestens 95 Prozent der Zutaten aus ökologischer Herkunft stammen. Sind am Markt der EU bestimmte Zutaten nicht in Ökoqualität verfügbar, müssen es mindestens 70 Prozent sein. Die „konventionellen" Zutaten dürfen aber nur dann verwendet werden, wenn sie dafür auch zugelassen sind. Erreicht das Lebensmittel nur ein Minimum von 50 Prozent, darf ausschließlich in der Zutatenliste auf ökologische Zutaten hingewiesen werden.

In Deutschland sind in der „Arbeitsgemeinschaft Ökologischer Landbau" bisher neun anerkannte Verbände des ökologischen Landbaus, die nach „Öko"-Richtlinien arbeiten, zusammengeschlossen. Ihre Schutzzeichen sind:

demeter, Bioland, BIOKREIS, Naturland, ANOG, ECO VIN (ökologischer Weinbau), Gäa, ÖKOSIEGEL und BIOPARK (s. Abb. S. 59).

Betriebe, die von dem konventionellen auf den ökologischen Landbau umstellen (Umstellungszeit in der Regel zwei bis drei Jahre), müssen ihre Ware zusätzlich zu den Warenzeichen mit dem Hinweis „aus dem Umstellungsbetrieb" kennzeichnen.

Die Mitglieder der Verbände werden auf die Einhaltung der Richtlinien von den Verbänden selbst, von staatlich zugelassenen und überwachten privaten Stellen kontrolliert. Auf internationaler Ebene sind die Richtlinien der IFOAM (International Federation of Organic Agriculture Movements) verbindlich. Hier muß der Importeur den Nachweis über die Einhaltung der ökologischen Produktionsbedingungen erbringen.

Bislang gilt die Öko-Verordnung nur für pflanzliche Lebensmittel. Eine Verordnung für ökologische Tierhaltung und ökologisch erzeugte tierische Erzeugnisse ist in der Erarbeitung und wird wahrscheinlich Ende 1998 vorliegen.

Wie arbeiten ökologische Landwirtschaftsbetriebe?

Anerkannt ökologische Betriebe arbeiten nach den Richtlinien ihrer Verbände. Sie zeichnen sich aus durch:

- Ganzheitliche Betrachtungsweise des Betriebes, Landwirtschaft wird als ökologisch-ökonomische Einheit von Mensch, Boden, Pflanze und Tier verstanden. Leitgedanke ist das Wirtschaften im Einklang mit der Natur.
- Verzicht auf chemisch-synthetische Pflanzenschutzmittel und mineralische Stickstoffdünger.
- Stärkung der Bodenaktivität (Mikroorganismen, Insekten, Regenwürmer) und Bodenfruchtbarkeit durch Einarbeitung von Ernterückständen und Mist (organischer Dünger) und den Anbau von Zwischenfrüchten und Untersaaten.
- Natürliche Stickstoffdüngung mit Hilfe der Leguminosen (z. B. Klee, Luzerne, Hülsenfrüchte), die Luftstickstoff binden.
- Vorbeugender Pflanzenschutz durch ausgewogene Fruchtfolge mit standortangepaßten Sorten, zeitgerechte Bodenbearbeitung, rechtzeitige mechanische Unkrautbekämpfung durch Nützlingsschutz (z. B. Biotopschutz).

Schutzzeichen der Mitgliedsverbände der AGÖL

	Gründungsjahr	Anbaufläche in Hektar Stand 1.1.98	Anzahl der Betriebe Stand 1.1.98	Adresse
demeter	1924	47 529	1317	Demeter-Bund e.V. Brandschneise 2 D-64259 Darmstadt Tel. 06155-8469-0 Fax 06155-8569-11 eMail demeterbd@aol.com
Bioland ÖKOLOGISCHER LANDBAU	1971	109 475	3218	Bioland e. V. Postfach 349 D73003 Göppingen Tel. 07161-910120 Fax 07161-910127 eMail biolandbv@compuserve.com
BIO KREIS e.V.	1979	3065	182	Biokreis Ostbayern e.V. Heiliggeist-/Ecke Hennergasse D-94032 Passau Tel. 0851-32333 Fax 0851-32332 eMail biokreis@t-online.de
Naturland	1982	47 178	1023	Naturland-Verband für naturgemäßen Landbau e. V. Kleinhaderner Weg 1 D-82166 Gräfelfing Tel. 089-8545071 Fax 089-855974 eMail naturland.germany@t-online.de
ANOG	1962	3454	93	ANOG e. V. Pützchens Chausseee 60 D-53227 Bonn Tel. 0228-461262 Fax 0228-461558 eMail anogev@t-online.de
ECO VIN	1985	896	200	EcoVin e. V. Zuckerberg 19 D-55276 Oppenheim Tel. 06133-1640 Fax 06133-1609
Gäa ÖKOLOGISCHER LANDBAU	1989	31 072	271	Gäa e. V.-Vereinigung Ökologischer Landbau Beutlerpark 2 D-01217 Dresden Tel. und Fax 0351-4012389
ÖKOSIEGEL	1988	1079	21	Ökosiegel e. V. Barnser Ring 1 D-29581 Gerdau Tel. und Fax 05808-1834
BIOPARK	1991	107 251	468	Biopark e. V. Zarchlinerstr. 1 D-19395 Karow Tel. 038738-70309

- Artgerechte und standortangepaßte Tierhaltung und Verwendung selbsterzeugten Futters. Die Tiere werden auf Einstreu gehalten und haben genügend Licht und Bewegungsraum. Es werden möglichst nur so viele Tiere gehalten, wie Futtermittel selbst erzeugt werden können.
- Artgerechte Tierhaltung, bedarfsgerechte Fütterung und geeignete Zucht sind die Grundlagen für die Tiergesundheit. Genügend Auslauf an der frischen Luft soll zur Stärkung der Abwehrkräfte beitragen.
- Tierkrankheiten werden vorrangig mit Naturheilverfahren und homöopathischen Methoden behandelt.
- Ablehnung von gentechnischen Verfahren, z. B. Verwendung von gentechnisch verändertem Saatgut.

Die Schonung der Umwelt, die Pflege der Bodenfruchtbarkeit und die Erzeugung qualitativ hochwertiger Nahrung mit dem bewußten Verzicht auf Höchsterträge sind erklärte Ziele der anerkannt ökologischen Betriebe. In der Bundesrepublik Deutschland wurden 1997 ca. 2,0 % der landwirtschaftlichen Nutzfläche ökologisch bewirtschaftet. Die Landwirte sind zu über 90 % in einem der Verbände des ökologischen Landbaus organisiert. Mit der Vergabe von Waren- bzw. Markenschutzzeichen übernimmt jeder Verband die Garantie für die Einhaltung der gemeinsamen Rahmenrichtlinien.

Wo kauft man „alternative" Lebensmittel ein?

Über die Einkaufsquellen von ökologischen Erzeugnissen können die Verbände des ökologischen Landbaus, Umweltschutzorganisationen, Verbraucherberatungs- und Ernährungsberatungsstellen Auskunft geben. Es gibt heute verschiedenste Einkaufsmöglichkeiten für Produkte aus dem ökologischen Landbau:

- Direktkauf beim Erzeuger (ab Hof oder auf dem Wochenmarkt)
- Lieferservice ab „Bio-Hof"
- Bio- bzw. Naturkostläden
- Reformhaus
- „Bio-Ecke" und Tiefkühltruhe im Supermarkt
- Naturkostversand
- Bäckereien, Metzgereien, Teegeschäfte, Weinhandlungen
- Öko-Kaufhäuser

Häufig sind ökologisch erzeugte Lebensmittel teurer als konventionell erzeugte. Das ist u. a. zurückzuführen auf einen höheren Arbeitsaufwand bei der Erzeugung, mit den niedrigeren Erträgen und mit dem erhöhten Risiko des Verderbs bei der Lagerung, da keine Konservierungsstoffe eingesetzt werden. Wer die Mehrkosten für ökologische Erzeugnisse nicht scheut, trägt zum Schutz von Umwelt und Natur bei und erhält qualitativ hochwertige Lebensmittel.

Essen – kein Risiko mit der vollwertigen Kost der DGE

Lassen Sie sich den Appetit nicht durch Schreckensmeldungen in den Medien oder von Gerede und Gerüchten Ihrer Mitmenschen über die möglichen Gefahren und den Tod aus dem Kochtopf verderben. Mit einer vollwertigen Kost und unseren Empfehlungen zum richtigen Umgang mit Lebensmitteln können Sie zu Ihrem gesundheitlichen Schutz beitragen, ohne den Spaß und Genuß am Essen und Trinken zu verlieren. Damit beugen Sie Gewichtsproblemen und ihren Folgen, ernährungsmitbedingten Krankheiten wie Fettstoffwechselstörungen, Diabetes mellitus, Gicht und Herz-Kreislauferkrankungen sowie Lebensmittelinfektionen und -vergiftungen und einer unnötig hohen Belastung mit Schadstoffen vor.

reichlich:	Getreideerzeugnisse, insbesondere aus Vollkorn, Kartoffeln, Hülsenfrüchte, frisches Gemüse und Obst, möglichst roh, frische Kräuter, alkoholfreie, ungesüßte bzw. wenig gesüßte Getränke
ausreichend:	fettarme Milch und/oder Milcherzeugnisse und hochwertiges Pflanzenöl
wenig:	Fisch, fettarmes Fleisch, fettarme Wurst, Eier, Streich- und Kochfett sowie Zucker oder andere Süßungsmittel und jodiertes Salz

Der DGE-Ernährungskreis
Was – Warum – Wieviel?

Lebensmittel	Wichtige Inhaltsstoffe	Verzehrempfehlungen
Gruppe 1		
Getreide, Getreideprodukte	Stärke, Ballaststoffe, Eiweiß, Calcium, Eisen, Magnesium, Vitamin B_1, B_2, B_6 und Folsäure	täglich 5-7 Scheiben Brot (200-350 g), 1 Portion Reis oder Nudeln (roh 75-90 g, gekocht 200-250 g)
Kartoffeln	Stärke, Ballaststoffe, Eiweiß, Kalium, Vitamin B_1 und C	häufiger in der Woche 1 Portion Kartoffeln (4-5 mittelgroße bzw. 250-300 g)
Gruppe 2		
Gemüse	Stärke, Ballaststoffe, Calcium, Eisen, Kalium, Magnesium, Beta-Carotin, Vitamin B_6 und C, Folsäure, sekundäre Pflanzenstoffe, Wasser	täglich mindestens 1 große Portion Gemüse gegart (ca. 200 g) sowie 1 Portion roh (100 g) und 1 Portion Salat (ca. 75 g)
Hülsenfrüchte	Stärke, Ballaststoffe, Eiweiß, Calcium, Eisen, Magnesium, Vitamin B_1, B_6 und Folsäure	häufiger im Monat eine Portion Hülsenfrüchte (roh ca. 100 g, gekocht ca. 200 g)
Gruppe 3		
Obst	Traubenzucker, Fruchtzucker, Kalium, Magnesium, Beta-Carotin, Vitamin C, sekundäre Pflanzenstoffe, Wasser	täglich mindestens 2 Stück bzw. 2 Portionen Obst (250-300 g)

Lebensmittel	Wichtige Inhaltsstoffe	Verzehrempfehlungen
Gruppe 4		
Getränke	Wasser, Mineralstoffe	täglich 1,5 Liter
Gruppe 5		
Milch und Milcherzeugnisse	Eiweiß, Milchzucker, Fett, Calcium, Magnesium, Jod, Vitamin A, B_2, B_{12} und Folsäure	täglich 1/4 Liter fettarme Milch und 3 Scheiben fettarmen Käse (90 g)
Gruppe 6		
Fisch	Omega-3-Fettsäuren, Jod, Vitamin B_2, B_6 und D	wöchentlich 1-2 Portionen Seefisch (à 150 g)
Fleisch und Fleischerzeugnisse	Eiweiß, Fett, Magnesium, Eisen, Vitamin A, B_1, B_2, B_6 und B_{12}	wöchentlich höchstens 2-3 Portionen Fleisch (à maximal 150 g) und 2-3 mal Wurst (à maximal 50 g)
Eier	Eiweiß, Fett, Vitamin A, B_2, B_{12} und Folsäure	wöchentlich bis zu 3 Eier
Gruppe 7		
Fette	ungesättigte Fettsäuren, Vitamin A und E	täglich höchstens 40 g Streich- und Kochfett (z. B. 2 EL Butter oder Margarine und 2 EL hochwertiges Pflanzenöl)

Lebensmittelinhaltsstoffe und ihre Bedeutung

Inhaltsstoff	Bedeutung	mögliche Folgen eines Mangels
Ballaststoffe	regen die Darmtätigkeit an, senken den Cholesterinspiegel, beschleunigen die Ausscheidung von Schadstoffen, fördern eine „gesunde" Darmflora	ungenügende Sättigung, Gewichtsprobleme, Verstopfung, Darmerkrankungen, Darmkrebs
Calcium	festigt Knochen und Zähne, wichtig für Blutgerinnung und Abwehrkräfte	im Säuglings- und Kindesalter Wachstumsstörungen, im Erwachsenenalter Osteoporose mit Neigung zu Knochenbrüchen
Eisen	wichtig für die Entwicklung des kindlichen Gehirns, die Blutbildung, den Sauerstofftransport durch das Blut und die Abwehrkräfte	andauernde Müdigkeit, Leistungsschwäche, Blässe, erhöhte Infektionsanfälligkeit, Blutarmut und bei Kindern Entwicklungsstörungen
Eiweiß	Baustoff für alle Körperzellen, z. B. Muskeln, Organe und Blut, aber auch für Hormone und Enzyme	Entwicklungsstörungen im Wachstumsalter, bei extremem Eiweißmangel Muskelabbau und Ödeme
Fett	liefert Energie, Vitamin A, D, E und K, wichtige ungesättigte Fettsäuren, ist ein Schutzpolster gegen Kälte und Stoß	unzureichende Versorgung mit fettlöslichen Vitaminen und mehrfach ungesättigten Fettsäuren
Fettsäuren, mehrfach ungesättigte	für den Zellaufbau, Bausteine für Gewebshormone, steuern den Fettstoffwechsel, senken den Fett- und Cholesterinspiegel im Blut und beugen Herz-Kreislauferkrankungen vor	Hautveränderungen, Entwicklungsstörungen, Herz-Kreislauferkrankungen, Sehstörungen, neurologische Störungen
Jod	wichtig für Bildung von Schilddrüsenhormonen, die körperliche und geistige Entwicklung, den Energiehaushalt und die Körpertemperatur	ständiges Frieren, ungewöhnliche Gewichtszunahme, anhaltende Müdigkeit, Infektionsanfälligkeit, Vergrößerung der Schilddrüse (Kropf) mit Enge und Druckgefühl im Hals, Knotenbildung der Schilddrüse
Kalium	wichtig für die Übertragung von Nerven- und Muskelreizen, Herzrhythmus	Muskelschwäche, Muskelerschlaffung, im Extremfall Darmlähmung und Herzmuskelschäden
Kohlenhydrate	Energielieferanten in Form von Stärke und Zucker	Gewichtsprobleme
Magnesium	wichtig für den Energiestoffwechsel, die Enzym-, Nerven- und Muskelfunktion	Muskelkrämpfe und Muskelschwäche, Schwindel, Herz-Kreislaufbeschwerden

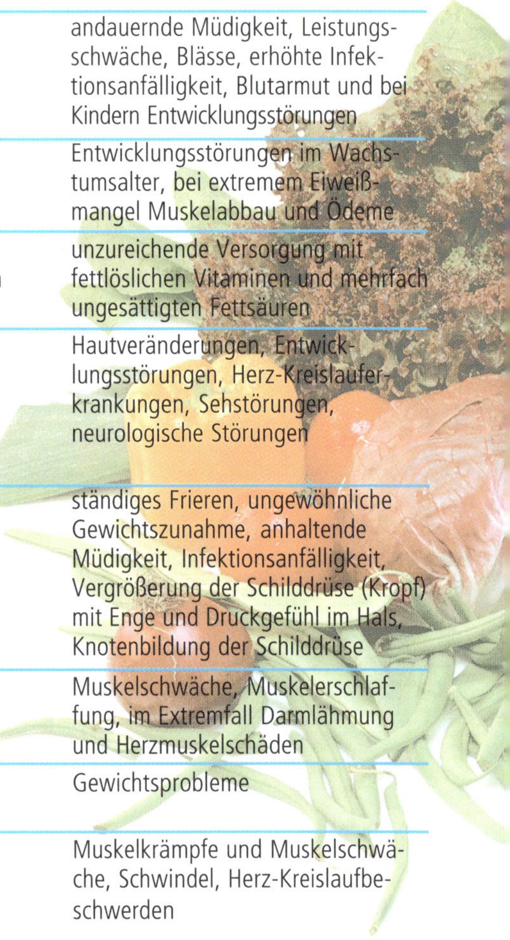

Inhaltsstoff	Bedeutung	mögliche Folgen eines Mangels
sekundäre Pflanzenstoffe	schützen möglicherweise vor Infektionen, Erkrankungen und Krebs	
Vitamin A	ist wichtig für das Sehen, gesunde Haut und Schleimhäute und die Abwehrkräfte	Nachtblindheit, Verhornung der Haut und Schleimhäute, Infektionsanfälligkeit, im Extremfall Erblindung
Beta-Carotin (Vorstufe von Vitamin A)	schützt möglicherweise vor Infektionen und Krebs	
Vitamin B_1	ist am Energiestoffwechsel beteiligt, wichtig für Nerven- und Herzfunktion	anhaltende Müdigkeit, Leistungsschwäche, Kopfschmerzen, Reizbarkeit, Depressionen, Appetitlosigkeit, Gewichtsabnahme, im Extremfall Lähmungen, Nerven- und Herzstörungen, Ödeme
Vitamin B_2	ist am Energiestoffwechsel beteiligt, wichtig für gesunde Haut und Schleimhäute	entzündliche Hautveränderungen und eingerissene Mundwinkel, im Extremfall Wachstumsstörungen und Blutarmut
Vitamin B_6	wichtig für den Eiweißstoffwechsel, die Nervenfunktion, Abwehrkräfte und Blutbildung	Entzündungen im Nasen-, Augen- und Mundbereich, nervöse Störungen, erhöhte Reizbarkeit, Schlaflosigkeit, Appetitlosigkeit, erhöhte Infektionsanfälligkeit und im Extremfall Blutarmut
Vitamin B_{12}	wichtig für den Eiweiß- und Fettstoffwechsel, die Bildung von Körperzellen und den Aufbau roter Blutkörperchen	Blutarmut, Schädigung der Mund- und Rachenschleimhäute und im Extremfall Nervenschäden
Folsäure	wichtig für die Teilung und Bildung von Körperzellen und den Eiweißstoffwechsel	Blutarmut, Mißbildungen, Fehl- oder Frühgeburt in der Schwangerschaft
Vitamin C	wichtig für den Stoffwechsel, die Bildung von Collagen (Bestandteil von Haut, Knochen, Knorpel, Zähnen und Hornhaut des Auges), verbessert die Wundheilung und Narbenbildung, die Abwehrkräfte und die Verwertung von Eisen, verhindert die Bildung von Nitrosaminen und schützt möglicherweise vor Infektionen und Krebs	Appetitlosigkeit, Schwäche, rasche Ermüdbarkeit, Reizbarkeit, erhöhte Infektionsanfälligkeit, Zahnfleischbluten
Vitamin D	reguliert den Calcium- und Phosphathaushalt im Körper, festigt Knochen und Zähne	begünstigt in Verbindung mit Calciummangel die Entstehung von Rachitis, Osteomalazie, Osteoporose
Vitamin E	ist beteiligt an Blutbildung, Nerven-und Muskelfunktionen und schützt die Körperzellen vor schädigenden Einflüssen und Zerstörung	im Extremfall Muskelschwund, Muskel- und Herzschäden, Wachstums- und Entwicklungsstörungen und Sterilität, hämolytische Anämie
Vitamin K	an der Blutgerinnung beteiligt	im Extremfall Neigung zu Blutungen
Wasser	Transport-, Lösungs- und Quellmittel	Bluteindickung, Nieren- und Kreislaufversagen, im Extremfall Tod

Alternative Ernährungsformen

Warum „alternative" Ernährungsformen

Das Wort „alternativ" kommt aus dem Lateinischen und bedeutet: wechseln, einander ablösen. Im strengeren Sinne besteht dann eine „Alternative", wenn man die Wahl zwischen zwei oder mehreren Möglichkeiten hat. Im allgemeinen Sprachgebrauch wird der Begriff „alternativ" häufig auch im Sinne von „anders" oder „außerhalb der Norm" benutzt.

Warum sucht der Mensch Alternativen zur üblichen Ernährung?

Gesundheitliche Gründe

Angesichts der Zunahme ernährungsmitbedingter Erkrankungen wie Fettstoffwechselstörungen, Diabetes mellitus, Gicht und Bluthochdruck suchen immer mehr Menschen nach Möglichkeiten, sich gesünder zu ernähren. Auch die Angst vor Schadstoffen in der Nahrung gibt vielen Anlaß dazu.

Ökonomische und ökologische Gründe

Zunehmend bevorzugen Verbraucher Erzeugnisse aus dem ökologischen Landbau, um auch zum Umweltschutz beizutragen. Viele lehnen außerdem industriell erzeugte Lebensmittel, Fleisch und exotische Früchte ab mit dem Argument, daß diese Lebensmittel unter einem hohen Energieaufwand hergestellt und transportiert werden. Diese Verschwendung von Ressourcen wird vor allem auch im Hinblick auf den Hunger in den Entwicklungsländern für unverantwortlich gehalten.

Religiös-ethische Gründe

Oberstes Ziel ist ein glückliches und vollkommenes Leben im Einklang mit der Natur unter Verzicht auf jede Art von Gewaltanwendung. Darum wird auch das Töten von Tieren zu Nahrungszwecken abgelehnt. „Solange der Mensch Tiere schlachtet, werden die Menschen einander töten" (Pythagoras). Strenge Vegetarier verweigern sogar Nahrung von lebenden Tieren (z. B. Eier, Milch und Milcherzeugnisse).

Weitere subjektive Gründe für eine alternative Ernährung können sein: schmeckt gut, ist bekömmlich, macht lange satt, hilft Übergewicht vorzubeugen oder der Arzt hat empfohlen, die bisherige Ernährung zu ändern.

Der Wunsch, sich „alternativ" zu ernähren, entsteht also aus den unterschiedlichsten Überlegungen. Die Wahl einer alternativen Ernährungsform gestaltet sich jedoch für den Laien unter Umständen etwas schwierig. Das vielfältige Angebot an Ernährungsvorschlägen ist verwirrend und zum Teil recht widersprüchlich.

Damit Sie sich besser im „Labyrinth" der alternativen Ernährungsformen zurechtfinden, werden in dieser Schrift die bekanntesten kurz beschrieben und bewertet. Die Beurteilung erfolgt dabei vorwiegend aus ernährungsphysiologischer Sicht. Das bedeutet aber nicht, daß die ökologischen, ökonomischen, sozialen und weltanschaulichen Gründe unbedeutend wären. Hier müssen Sie selbst entscheiden, was für Sie wichtig ist.

Vegetarismus

Ursprung

6. Jh. v. Chr.: Pythagoras

1847: Gründung des ersten englischen Vegetarier-Vereins

1867: Gründung der ersten deutschen vegetarischen Vereinigung (Verein für natürliche Lebensweise) durch Pfarrer Eduard Baltzer

Grundlagen und Lebensmittelauswahl

Die vegetarische Ernährung schließt grundsätzlich Lebensmittel von getöteten Tieren aus. Sie ist fast immer Teil einer Weltanschauung mit bestimmter Lebensweise. Ihr Ziel ist es, im Einklang mit der Natur zu leben.

Ursprüngliches Prinzip des vegetarischen Gedankens war es, Produkte vom toten Tier, also Fleisch und Fleischprodukte, Geflügel, Fisch sowie Schlachtfette zu meiden, nicht aber die vom lebenden Tier wie Milch und Eier. Doch nicht alle Vegetarier ernähren sich nach diesem „Urprinzip". Vielmehr werden drei Grundformen der vegetarischen Ernährungsweise unterschieden:

- Vegane Kost
- Lakto-vegetabile Kost
- Ovo-lakto-vegetabile Kost

Lebensmittelauswahl bei Veganer, Lakto-vegetabiler und Ovo-lakto-vegetabiler Kost

Die Ernährung der Veganer, d.h. der strengen Vegetarier, besteht ausschließlich aus pflanzlichen Lebensmitteln. Auch Honig wird von vielen abgelehnt. Lakto-Vegetarier verzehren zusätzlich Milch und Milchprodukte. Der Speiseplan der Ovo-lakto-Vegetarier enthält darüber hinaus Eier.

Allen drei Grundformen gemeinsam ist die Bevorzugung von Vollkornerzeugnissen und Rohkost. Der weitgehende Verzicht auf Nikotin und Alkohol sowie eine hohe körperliche Aktivität gehören ebenfalls zu einer vegetarischen Lebensweise.

Vegetarier, die nur Fleisch, Wurst und Fisch aus ihrer Kost weglassen und sich ansonsten nicht vollwertig ernähren, werden als „Pudding-Vegetarier" bezeichnet.

Übrigens: Der größte Teil der Vegetarier ernährt sich ovo-lakto-vegetabil.

Ernährungswissenschaftliche Beurteilung der Veganen Kost

- Veganer benötigen ein gutes, umfangreiches Ernährungswissen, um ihre Kost so zusammenzustellen, daß sie nicht zu Mangelerscheinungen führt. Kritisch kann zum Beispiel die Versorgung mit Eiweiß, Vitamin B_{12}, Calcium, Eisen und Jod werden.

- Da Veganer hauptsächlich Vollkornerzeugnisse, Gemüse, Obst, Kartoffeln und Hülsenfrüchte essen, ist die Kost reich an Stärke, Ballaststoffen, Vitaminen, Mineralstoffen und sekundären Pflanzenstoffen.
- Durch den Verzicht auf tierische Lebensmittel nehmen Veganer geringere Mengen an tierischem Fett, Cholesterin und Purinen auf. Das ist sehr zu begrüßen, denn zuviel davon kann bei entsprechender Veranlagung die Entstehung bestimmter ernährungsmitbedingter Krankheiten (z. B. Fettstoffwechselstörungen, Gicht, Herz-Kreislauferkrankungen, Herzinfarkt oder verschiedene Krebsarten) begünstigen.
- Eiweiß pflanzlicher Herkunft hat aufgrund seiner Zusammensetzung eine geringere biologische Wertigkeit als das tierischer Lebensmittel. Durch die Kombination bestimmter Eiweißquellen läßt sich jedoch die Wertigkeit verbessern. Beispiel: Getreide und Hülsenfrüchte wie Mais und Bohnen. Berücksichtigen Veganer dies nicht – die Gefahr besteht bei übertriebenem Rohkostverzehr – ist eine Eiweißunterversorgung die Folge. Dies ist für Säuglinge und Kinder lebensbedrohlich.

- Vitamin B_{12} ist in größeren Mengen fast ausschließlich in tierischen Lebensmitteln (z. B. Fleisch und Milch) und nur geringfügig in milchsauer vergorenem Gemüse (z. B. Sauerkraut) enthalten. Bei strengen Vegetariern kann demnach die Vitamin-B_{12}-Aufnahme zu niedrig sein. In einer Untersuchung bei vollgestillten Säuglingen und Kleinkindern veganisch ernährter Mütter waren schwere gesundheitliche Störungen festzustellen. Durch medikamentöse Vitamin-B_{12}-Zufuhr kam es zu einer raschen Normalisierung. Jedoch wurden längerfristig bleibende Beeinträchtigungen der geistigen Entwicklung beobachtet.
- Mit einer veganen Ernährung werden durch den Wegfall von Milch und Milchprodukten nur geringe Mengen an Calcium zugeführt. Außerdem ist das Calcium aus pflanzlichen Lebensmitteln weniger gut zu verwerten.
- Die Versorgung mit Eisen, Jod, Zink und Omega-3-Fettsäuren kann durch den Wegfall von Fleisch und Fisch bei Veganern unzureichend sein. Bei häufigem Verzehr eisenreicher Getreide- und Gemüsesorten in Kombination mit Vitamin-C-reichen Lebensmitteln oder Getränken und bei Verwendung von Jodsalz und jodsalzhaltigen Erzeugnissen verringert sich das Risiko einer Unterversorgung.
- Auch bei sorgfältiger Beachtung ernährungsphysiologischer Regeln ist Personen mit erhöhtem Nährstoffbedarf von einer veganen Kost dringend abzuraten; dazu gehören vor allem schwangere und stillende Frauen, ältere Menschen und Kinder. Für Säuglinge und Kleinkinder ist eine solche Ernährungsweise sogar gefährlich und unbedingt zu vermeiden.

Ernährungswissenschaftliche Beurteilung der (Ovo-)lakto-vegetabilen Kost

- Der völlige Verzicht auf Fleisch und Fleischprodukte bedeutet eine Absage an unseren besten Eisen-Lieferanten. Ist darüber hinaus der Speiseplan noch wenig abwechslungsreich und einseitig, wird eine Unterversorgung mit Eisen gefördert. Zur Eisenversorgung der Vegetarier tragen Vollkornprodukte, Hülsenfrüchte und bestimmte Gemüsesorten (z. B. Spinat, Rosenkohl) bei. Die Verfügbarkeit des Eisens aus pflanzlichen Lebensmitteln ist durch Inhaltsstoffe wie Phytinsäure, Oxal- und Gerbsäure beeinträchtigt.
- Durch den absoluten Verzicht auf Fisch enthält die Kost weniger Jod und Omega-3-Fettsäuren.
- Das Weglassen von Fleisch und Fisch aus einer im übrigen abwechslungsreichen, gemischten Kost mit den biologisch hochwertigen Eiweißträgern Milch und Eier muß nicht zu einer Fehlernährung führen. Voraussetzung dafür ist aber: Es werden reichlich eisenreiche pflanzliche Lebensmittel mit Vitamin-C-reichen kombiniert verzehrt (= Verbesserung der Eisenverfügbarkeit) und die Jodversorgung wird über jodhaltige Lebensmittel und Speisen, jodiertes Speisesalz bzw. Jodpräparate gesichert. Die (Ovo-)lakto-vegetabile Ernährung kann somit als Dauerernährung geeignet sein. Dies gilt jedoch nicht für sog. Risikogruppen, z. B. Schwangere und Stillende. Bei Kleinkindern und älteren Menschen ist besondere Sorgfalt geboten.
- Der bevorzugte Verzehr von Obst, Gemüse und Vollkornprodukten sorgt für eine höhere Zufuhr an Stärke, Ballaststoffen, Vitaminen, Mineralstoffen und sekundären Pflanzenstoffen.
- Durch den Verzicht auf Fleisch und Fleischprodukte nehmen Vegetarier geringere Mengen an tierischem Fett, Cholesterin und Purinen auf.

? Kann der Körper Vitamin B_{12} selbst herstellen, so daß es nicht mit der Nahrung aufgenommen werden muß?

Eine große Zahl von Veganern zeigt trotz geringer Vitamin-B_{12}-Zufuhr keine Mangelsymptome. Eine bakterielle Vitamin-B_{12}-Produktion im Darmtrakt wird als Erklärung dafür diskutiert.

? Ist der Mensch entwicklungsgeschichtlich gesehen eher ein reiner „Pflanzenfresser" oder ein „Fleischfresser"?

Wie sich der prähistorische Mensch ernährte, wird nach wie vor kontrovers diskutiert. Es ist aber wahrscheinlich, daß der Mensch als „Alles-Esser" mit Schwerpunkt auf pflanzlicher Nahrung eingestuft werden kann. Eine rein vegane Ernährung ist nicht natur-, sondern eher kulturell bedingt.

FAZIT:

Die vegane Kost kann als Dauerkost nicht empfohlen werden. Für Kleinkinder ist vegane Ernährung gefährlich! Die (Ovo-)lakto-vegetabile Kost dagegen ist bei ausgewogener Lebensmittelauswahl für den Gesunden, ausgenommen Schwangere und Stillende, als Dauerkost geeignet.

Rohkost nach Wandmaker

Ursprung

Helmut Wandmaker, Kaufmann

1. Aufl. der Publikation „Willst Du gesund sein? Vergiß den Kochtopf!" im Jahr 1988

Grundlagen

Helmut Wandmaker behauptet, alle Krankheiten, einschließlich Krebs und AIDS, seien Vergiftungen durch säurebildende, „tote" Kochkost und „Fabriknahrung". Zur Entgiftung empfiehlt er „lebendige", basenbildende pflanzliche Rohkost. Entwicklungsgeschichtlich sei dies die Urkost, an die der Mensch genetisch angepaßt ist. Sie setzt sich zusammen aus: überwiegend Obstfrischkost, etwas Gemüserohkost und einigen Nüssen.

Wandmaker geht davon aus, daß der Mensch vorrangig Energie braucht. Die Nährstoffe an sich seien zweitrangig. Früchte würden am schnellsten und meisten Energie liefern. Aus Früchten bekäme man 90 % Energie, und nur 10 % gingen für die Verdauung verloren. Gemüse liefere 70 % (30 % Verdauungsverlust) und Fleisch nur 30 % Energie (70 % Verdauungsverlust). Obst schaffe damit die besten Voraussetzungen für eine gesunde Kraftentwicklung und den richtigen Neuaufbau von Muskeln, Organen und Knochen. Nicht nur dies. Nach Wandmaker ist Obst außerdem das ideale Entgiftungsmittel. Es soll die giftigen Schlacken im Körper verflüssigen und wie ein Besen hinausfegen. Einige Tage fasten und anschließend nur Obstkost sei die beste Heilungsmethode für alle Krankheiten.

Lebensmittelauswahl

Wandmaker empfiehlt eine vegane Frischkost mit dem Schwerpunkt auf Obst, etwas Gemüse und einigen Nüssen. Getreide, das Hauptbestandteil vieler Kostformen ist, sollte nach seiner Auffassung besser nicht auf dem Speiseplan stehen. Sogar in der Säuglings- und Kinderernährung hätte es nichts zu suchen. Der Enzymvorrat des Menschen würde nicht für eine stärkereiche getreidebetonte Kost reichen, sondern nur für eine stärkearme Obst- und Gemüserohkost. Das Getreide würde nicht vollständig verdaut werden und im Verdauungstrakt „verkleistern". Der giftige Kleister soll zum Beispiel die Vitalkraft des Menschen vermindern, zu Übergewicht, erhöhtem Blutfett- und Blutcholesterinspiegel, zur Vergreisung und zum frühzeitigen Tod führen. Der Getreidekleister sei übrigens auch ein idealer Nährboden für krankheitserregende Mikroorganismen.

Wandmaker verzichtet auf die Verwendung von Fett. Fett aller Art, einschließlich der „ordinären" Butter, komme in der Natur nicht vor und sei darum unnötig. Der Mensch ist nach Wandmakers Überlegungen ein Früchte- und kein Fleischesser. Fleischeiweiß sei für den Körper- und Muskelaufbau weniger gut als pflanzliches Eiweiß. Außerdem würde es die Leistungsenergie vermindern.

Milch ist eine Nahrung für Säuglinge und das Saugkalb, meint Wandmaker. Spätestens ab dem dritten Lebensjahr sei sie entbehrlich, weil dann die Enzyme zu ihrer Verdauung nicht mehr ausreichend vorhanden seien. Außerdem würde Milch große Mengen Schleim bilden, der zur „Vergiftung" des Körpers beiträgt. Milchtrinker wären darum häufig erkältet, verschnupft, verschleimt und hätten Hautprobleme. Bei Säuglingen käme es durch „Überfütterung" mit Kuhmilch zu Dauerschnupfen, Milchschorf und Neurodermitis.

Wandmaker behauptet, durch Pasteurisierung der Milch würden ihre Nährstoffe und Enzyme vernichtet, Eiweiß würde gerinnen und schwerer verdaulich, und Mineralstoffe wie Calcium würden unbrauchbar gemacht. Obst wäre der ideale Ersatz, um den Körper mit allen wichtigen Nährstoffen, einschließlich hochwertigem Eiweiß und Calcium, zu versorgen.

Obst sollte immer auf leeren Magen und nicht zusammen mit anderen Lebensmitteln gegessen werden, damit es nicht im Darm vergärt. Um die Ausscheidungsphase von 4 bis 12 Uhr nicht zu stören, sei es wichtig, morgens nur saftiges Obst zu essen oder frischgepreßten Fruchtsaft zu trinken.

Für den Übergang von der Kochkost zur Urkost empfiehlt Wandmaker morgens Frischobst und mittags rohes, frisches Gemüse, eventuell mit Pellkartoffeln und Avocadosoße oder saurer Sahne, Buttermilch und Joghurt.

Ernährungswissenschaftliche Beurteilung

- Obst- und Gemüserohkost nach Wandmaker enthält reichlich bestimmte Vitamine, Mineralstoffe, sekundäre Pflanzenstoffe und Ballaststoffe. Das sind aber nicht alle Nährstoffe, die der Mensch zum Leben braucht.
- Die Rohkost nach Wandmaker ist extrem einseitig und kann zu schwerem Nährstoffmangel und Gesundheitsstörungen führen. Besonders gefährdet sind Risikogruppen wie Säuglinge, Kinder, Schwangere, Stillende, ältere Menschen und Kranke.
- Vitamin B_{12} ist in größeren Mengen fast ausschließlich in tierischen Lebensmitteln (z. B. Fleisch und Milch) und nur geringfügig in milchsauer vergorenem Gemüse (z. B. Sauerkraut) enthalten. Bei strengen Vegetariern kann demnach die Vitamin-B_{12}-Aufnahme zu niedrig sein. In einer Untersuchung bei vollgestillten Säuglingen und Kleinkindern veganisch ernährter Mütter waren schwere gesundheitliche Störungen festzustellen. Durch medikamentöse Vitamin-B_{12}-Zufuhr kam es zu einer raschen Normalisierung. Jedoch wurden längerfristig bleibende Beeinträchtigungen der geistigen Entwicklung beobachtet. Dies trifft genauso für Rohköstler zu.
- Da Wandmaker Fett für unnötig hält, werden fettlösliche Vitamine und ungesättigte Fettsäuren unzureichend zugeführt.
- Getreide ist eine wichtige Quelle für Eiweiß, Stärke, Ballaststoffe, B-Vitamine, Folsäure, Magnesium, Eisen und Selen. Es wird von Wandmaker jedoch abgelehnt.

- Wandmaker lehnt Milch unter anderem ab, weil der Mensch ab dem dritten Lebensjahr nicht mehr über die notwendigen Verdauungsenzyme verfüge. Das stimmt so nicht. Milchunverträglichkeit aufgrund eines Enzymmangels ist ein individuelles Problem. Milch ist die beste Quelle für gut verwertbares Calcium und in einer fleischfreien Kost wichtig für die Eiweißversorgung.
- Wandmakers Kost ist sehr kalorienarm und kann deshalb bei Personen mit erhöhtem Energiebedarf (z. B. Jugendliche, Schwerarbeiter, Leistungssportler) auch zu einer kalorischen Unterversorgung führen.

- Die Behauptung, das Erhitzen der Lebensmittel zerstöre alle Nährstoffe und mache sie unbrauchbar für den Körper, ist wissenschaftlich nicht haltbar.
- Je nach individueller Konstitution kann der reichliche Verzehr von Rohkost zu Unverträglichkeiten und bei genetischer Veranlagung auch zu allergischen Reaktionen führen.

? *Wandmaker behauptet, Fleischeiweiß sei für den Körper- und Muskelaufbau weniger wertvoll als pflanzliches Eiweiß. Stimmt das?*

Nein, das Gegenteil ist der Fall. Das Fleischeiweiß entspricht in seiner Zusammensetzung mehr dem menschlichen Eiweiß. Es kann deshalb besser vom Körper verwertet werden als pflanzliches Eiweiß. Die „biologische Wertigkeit" des tierischen Eiweißes kann nur durch Kombination bestimmter pflanzlicher Lebensmittel, z. B. Getreide mit Hülsenfrüchten, in etwa erreicht werden.

FAZIT:

Die Rohkost nach Wandmaker ist extrem einseitig. Sie ist deshalb als Dauerkost nicht geeignet. Die Theorien Wandmakers zur Rohkost, zur Vergiftung und Entgiftung des Körpers sind naturwissenschaftlich nicht nachvollziehbar.

Instinktotherapie nach Burger

Ursprung

Guy-Claude Burger, Physiker

1. Aufl. der Publikation „Die Rohkosttherapie" 1985; Paris

Grundlagen und Lebensmittelauswahl

Bei Burger bestimmt der angeborene Ernährungsinstinkt, ob Bedarf an einem Lebensmittel oder einem Nährstoff besteht, und ob das Lebensmittel bekömmlich ist. Der Ernährungsinstinkt sei allerdings durch die denaturierte Kochkost bei den meisten Menschen verkümmert. Durch „ursprüngliche" Nahrung könne man ihn aber wiederbeleben.

Die Instinktotherapie versteht sich als eine Methode zur Regulierung des Ernährungsgleichgewichts mit Hilfe des Instinkts. Grundlage der Therapie ist die Lehre der Anopsologie (griech. ano = ohne, opson = zubereitete Mahlzeit), nach der auf der Intelligenz beruhende „Kunstgriffe", vor allem auf kulinarischem Gebiet, zu vermeiden sind. Sie würden die Nahrung denaturieren. Denaturierte Nahrung enthalte naturfremde Moleküle, die den genetisch nicht angepaßten Stoffwechsel und das Immunsystem angeblich überfordern. Ihre Ansammlung im Organismus würde auf diese Weise eine kulinarische Vergiftung bewirken und zahlreiche Krankheiten verursachen. Erkältungen, Hautausschläge oder Entzündungen seien allerdings „nützliche" Erkrankungen, bei denen sich der Körper bemühe, wenigstens einen Teil dieser Gifte loszuwerden.

Entwicklungsgeschichtlich gesehen ist der Mensch nach Burger ein Rohköstler. Die Kochkost sei ein Kurzschluß zwischen der Intelligenz und dem Instinkt. Nach dem Gesetz des Ernährungsinstinktes würde jedes ursprüngliche, geruchlich und geschmacklich anziehende Lebensmittel für den Körper nützlich sein. Das gelte zum Beispiel auch für rohes Fleisch und Geflügel, rohen Fisch, rohe Eier und giftige Pflanzen. Der Mensch soll über eine instinktive Sperre verfügen, wenn die schädliche Dosis erreicht ist. Eine plötzliche Veränderung im Geschmacks- und Geruchsempfinden würde die Nahrungsaufnahme beenden. Kommt es möglicherweise nach dem Verzehr einiger giftiger Pilze oder Muscheln oder rohem Fleisch zu Gesundheitsstörungen, sei dies eine Entgiftungsreaktion des Körpers und nicht die Folge einer Vergiftung. Wenn man sich nach der Instinktotherapie ernährt, ist man von vornherein zwangsläufig vor einer Vergiftung geschützt, behauptet Burger.

Ernährungswissenschaftliche Beurteilung

- Frisches, rohes Gemüse und Obst ist eine gute Quelle für die antioxidativen Vitamine C und Beta-Carotin, Mineralstoffe, sekundäre Pflanzenstoffe und Ballaststoffe, die der Entstehung von ernährungsmitbedingten Krankheiten vorbeugen.

- Der Verzehr von rohem Fleisch, Geflügel, Fisch und giftigen Pflanzen kann gesundheitsschädlich bzw. lebensgefährlich sein, ebenso der Verlaß auf die eigenen Ernährungsinstinkte.
- Eine Reihe der Aussagen von Burger sind naturwissenschaftlich unhaltbar, beispielsweise wird Milch abgelehnt, da die Moleküle der Milch eines Tieres nicht für den Menschen geschaffen sind.

FAZIT:

Die Instinktotherapie kann nicht als Dauerkost empfohlen werden.

? *Sind alle Lebensmittel zum Rohverzehr geeignet?*

Manche Lebensmittel werden erst durch Kochen genießbar und verträglich (z. B. Hülsenfrüchte, grüne Bohnen und Kartoffeln). Natürliche Giftstoffe (z. B. in grünen Bohnen) und Krankheitserreger (z. B. Salmonellen und Parasiten im Fleisch) werden unschädlich gemacht.

Vollwert-Ernährung

Ursprung

Hippokrates, Hufeland, Bircher-Benner, Kollath

Aktualisiert und neu formuliert von Dr. oec. troph. K. von Koerber, Dipl. oec. troph. Th. Männle und Prof. Dr. rer. nat. C. Leitzmann, Institut für Ernährungswissenschaft, Universität Gießen (1994)

Grundlagen

In den 12 Grundsätzen der Vollwert-Ernährung spiegelt sich die ganzheitliche Betrachtungsweise der Ernährung. Ein Lebensmittel wird nicht nur nach seiner Zusammensetzung in gesundheitlicher Hinsicht beurteilt, sondern auch nach ökologischen und sozialen Kriterien. Hierzu zählen z. B. der bei der Erzeugung, Verarbeitung, Vermarktung und dem Konsum eines Lebensmittels erforderliche Energie- und Rohstoffverbrauch, die damit verbundene Belastung der Umwelt (mit Schadstoffen und Müll) sowie die Auswirkungen auf die Gesellschaft, insbesondere auf die Menschen in Entwickungsländern und in kleinen und mittleren bäuerlichen Betrieben.

Mit der Vollwert-Ernährung sollen Gesundheit des Menschen, Schonung der Umwelt und weltweite soziale Gerechtigkeit gefördert werden.

Grundsätze der Vollwert-Ernährung

1.	Bevorzugung pflanzlicher Lebensmittel (überwiegend lakto-vegetabile Ernährungsweise)
2.	Bevorzugung gering verarbeiteter Lebensmittel (Lebensmittel so natürlich wie möglich)
3.	Reichlicher Verzehr unerhitzter Frischkost (etwa die Hälfte der Nahrungsmenge)
4.	Zubereitung genußvoller Speisen aus frischen Lebensmitteln, schonend und mit wenig Fett
5.	Vermeidung von Nahrungsmitteln mit Zusatzstoffen
6.	Vermeidung von Nahrungsmitteln aus bestimmten Technologien (wie Gentechnik, Food-Design, Lebensmittelbestrahlung)
7.	Möglichst ausschließliche Verwendung von Erzeugnissen aus anerkannt ökologischer Landwirtschaft (nach den Rahmenrichtlinien der AGÖL bzw. IFOAM*)
8.	Bevorzugung von Erzeugnissen aus regionaler Herkunft und entsprechend der Jahreszeit
9.	Bevorzugung unverpackter oder umweltschonend verpackter Lebensmittel
10.	Vermeidung bzw. Verminderung der allgemeinen Schadstoffemission und dadurch der Schadstoffaufnahme durch Verwendung umweltverträglicher Produkte und Technologien
11.	Verminderung von Veredelungsverlusten durch geringeren Verzehr tierischer Lebensmittel
12.	Bevorzugung landwirtschaftlicher Erzeugnisse, die unter sozialverträglichen Bedingungen erzeugt, verarbeitet und vermarktet werden (u. a. fairer Handel mit Entwicklungsländern)
	*) AGÖL: Arbeitsgemeinschaft Ökologischer Landbau IFOAM: International Federation of Organic Agriculture Movements

Quelle: K. v. Koerber, T. Männle, C. Leitzmann: Vollwert-Ernährung – Konzeption einer zeitgemäßen Ernährungsweise, Karl F. Haug Verlag (1994), S. 98

Der Verarbeitungsgrad der Lebensmittel bzw. ihre Naturbelassenheit – und damit in der Regel der ernährungsphysiologische Wert – spielt in der Vollwert-Ernährung eine herausragende Rolle.

Fast jede Verarbeitung von Lebensmitteln bringt Nährstoffverluste mit sich. Daher sollen – ausgehend von Kollaths Forderung „Laßt unsere Nahrung so natürlich wie möglich" – alle Lebensmittel so wenig wie möglich verarbeitet werden. Das schließt aber selbstverständlich nicht aus, daß bei einigen Lebensmitteln eine Verarbeitung vorteilhaft oder notwendig ist. So wird bei Kartoffeln die Stärkeverdauung im Magen-Darm-Trakt erst durch Erhitzen möglich. Durch den Kochvorgang werden natürliche Gifte (z. B. in rohen Hülsenfrüchten) und Krankheitserreger (z. B. Salmonellen in Eiern und Geflügel) unschädlich gemacht.

Die Vollwert-Ernährung empfiehlt, je etwa zur Hälfte unerhitzte und erhitzte Lebensmittel zu essen.

Empfehlung zur Aufteilung von unerhitzter Frischkost und erhitzter Kost (Gewichtsanteile an der Gesamtnahrung)

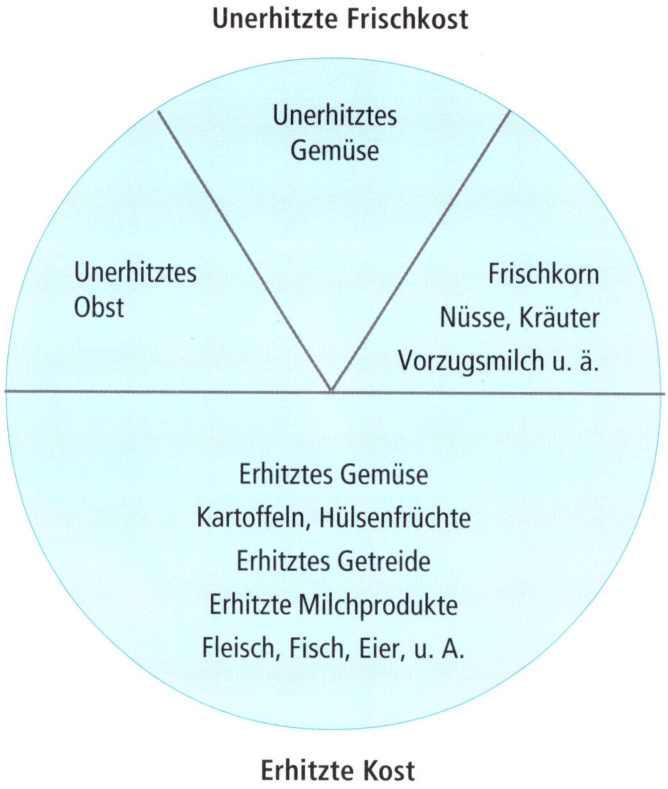

Quelle: K. v. Koerber, T. Männle , C. Leitzmann: Vollwert-Ernährung – Konzeption einer zeitgemäßen Ernährungsweise, Karl F. Haug Verlag (1994), S. 101

Lebensmittelauswahl

Die Vollwert-Ernährung ordnet die Lebensmittel entsprechend ihrem gesundheitlichen, ökologischen und sozialen Wert in vier Kategorien bzw. Wertstufen ein. Sie reichen von sehr empfehlenswert über weniger empfehlenswert bis nicht empfehlenswert (s. Tabelle S. 80-81).

Sehr empfehlenswerte Lebensmittel (Wertstufen 1 und 2) sind nicht/gering verarbeitet (Wertstufe 1: unerhitzte Lebensmittel wie gekeimtes Getreide, milchsaures Gemüse) oder mäßig verarbeitet (Wertstufe 2: erhitzte Lebensmittel wie Vollkornerzeugnisse, gedünstetes Gemüse, gekochte Kartoffeln, pasteurisierte Vollmilch, Fisch, Fleisch, Wurst und Eier). Lebensmittel der beiden ersten Wertstufen sollten etwa je die Hälfte der Nahrungsmenge ausmachen.

Weniger empfehlenswerte Lebensmittel (Wertstufe 3) wie Nicht-Vollkornprodukte, Gemüse- und Obstkonserven, H-Milch, raffiniertes Öl, Fleisch-, Wurst- und Fischwaren werden nur selten verwendet.

Übertrieben verarbeitete Lebensmittel (z. B. gehärtete Margarine, Fertiggerichte, Vitaminpräparate, Pommes frites, Zucker und Süßigkeiten, Süßstoffe) sind nicht empfehlenswert (Wertstufe 4).

Grundsätzlich ist der Verzehr pflanzlicher Lebensmittel, möglichst aus anerkannt ökologischer Landwirtschaft, aus regionaler Herkunft und entsprechend der Jahreszeit zu bevorzugen.

Lebensmittel, die besonders schadstoffbelastet sind (z. B. Innereien, Wildpilze), Lebensmittel mit Zusatzstoffen sowie unnötig verpackte Lebensmittel sollten gemieden werden.

Zusammenfassende Empfehlungen der Vollwert-Ernährung:

reichlicher Verzehr	Vollkornprodukte, Gemüse und Obst (auch als unerhitzte Frischkost), Kartoffeln, Hülsenfrüchte, Wasser, Kräuter-, Früchtetees, Gewürze und Kräuter
mäßiger Verzehr	Nüsse, Ölsamen, Butter, kaltgepreßte Öle, Milch und Milchprodukte, jodiertes Salz
geringer Verzehr	Nicht-Vollkornprodukte, konservierte Lebensmittel, isolierter Zucker, Fleisch und Wurstwaren, Eier, raffinierte Fette, Alkohol, Kaffee, schwarzer Tee, nicht-jodiertes Salz

Orientierungstabelle für di
Vollwert-Ernährun

1. Für die Einteilung der Lebensmittel in diese Tabelle werden gesundheitliche/ernährungsphysiologische Beispiele sowie ökologische und soziale Aspekte berücksichtigt. Von besonderer Bedeutung sind Art und Ausmaß der Lebensmittelverarbeitung, da diese die Nährstoffdichte stark beeinflußt. Die Übergänge zwischen den Spalten sind teilweise fließend.

2. Die Nahrung sollte etwa je zur Hälfte aus der 1. und 2. Spalte ausgewählt werden. Lebensmittel aus Spalte 3 sollten nur selten verzehrt, aus Spalte 4 möglichst vermieden werden. Ein Stern (*) bedeutet, daß diese Lebensmittel mäßig verwendet werden sollten; diese mengenmäßige Einschränkung ist in den Spalten 3 und 4 durch die Überschrift gegeben und darum nicht nochmals vermerkt.

3. Weiter oben aufgeführte, d.h. pflanzliche Lebensmittel sollten gegenüber tierischen Lebensmitteln bevorzugt werden.

4. Es sollten möglichst ausschließlich Erzeugnisse aus anerkannt ökologischer Landwirtschaft verwendet werden; diese sind teilweise günstiger als konventionell erzeugte einzustufen. Außerdem sollten Erzeugnisse aus regionaler Herkunft und entsprechend der Jahreszeit bevorzugt werden

5. Lebensmittel, die besonders schadstoffbelastet sind (z.B. Innereien und Wildpilze), sollten gemieden werden, außerdem Nahrungsmittel mit Zusatzstoffen sowie unnötig verpackte Lebensmittel.

Quelle: K. v. Koerber, T. Männle, C. Leitzmann : Vollwert-Ernährung – Konzeption einer zeitgemäßen Ernährungsweise; Karl F. Haug Verlag (1994), S. 136-137

*** = mäßig zu verwenden**

Wertstufen	**Sehr empfehlenswert**
Verarbeitungsgrad	**Nicht/gering verarbeitete Lebensmittel** (unerhitzt)
Mengenempfehlung	Etwa die Hälfte der Nahrungs menge
	Die Übergänge zwis
Getreide	Gekeimtes Getreide, Vollkornschrot (z. B. Frischkornmüsli) Frisch gequetschte Flocken
Gemüse, Obst	Frischgemüse, milchsaures Gemüse, Frischobst
Kartoffeln	
Hülsenfrüchte	
Nüsse, Fette, Öle	Nüsse*, Mandeln*, Ölsamen* (z.B. Sonnenblumenkerne, Ses Ölfrüchte* (z. B. Oliven)
Milch, Milchprodukte	Vorzugsmilch
Fleisch, Fisch, Eier	
Getränke	Ungechlortes Trinkwasser Kontroll. Quellwasser Natürliches Mineralwasser
Gewürze, Kräuter, Salz	Ganze oder frisch gemahlene Gewürze, frische Kräuter
Süßungsmittel	Frisches, süßes Obst

mpfehlungen für die Lebensmittelauswahl esunder Erwachsener

·hr empfehlenswert	Weniger empfehlenswert	Nicht empfehlenswert
äßig verarbeitete ·bensmittel or allem erhitzt)	**Stark verarbeitete Lebensmittel** (vor allem konserviert)	**Übertrieben verarbeitete Lebensmittel** und Isolate/Präparate
wa die Hälfte der Nahrungs- enge	Nur selten verzehren	Möglichst meiden
Spalten sind teilweise fließend	Die Übergänge zwischen den Spalten sind teilweise fließend	
llkornprodukte (z. B. Vollkorn- ot, -nudeln, -flocken, -fein- ckwaren), Vollkorngerichte	Nicht-Vollkornprodukte (z. B. Weißbrot, Graubrot, weiße Nudeln, Cornflakes, Auszugsmehl-Feinbackwaren), geschälter (weißer) Reis	Getreidestärke (z. B. Maisstärke), Ballaststoffpräparate
hitztes Gemüse, auch milch- ures, erhitztes Obst, efkühlgemüse*, -obst*	Gemüsekonserven (z. B. Tomaten in Dosen), Obstkonserven (z. B. Kirschen in Gläsern)	Vitaminpräparate, Mineralstoffpräparate, Tiefkühlfertiggerichte
kochte Kartoffeln (mögl. llkartoffeln)	Fertigmischungen (z. B. Knödelmischung)	Pommes frites, Chips, Kartoffelstärke
keimte, blanchierte Hülsen- chte, erhitzte Hülsenfrüchte	„Sojamilch", Tofu Fertigmischungen (z. B. Bratlingsmischung)	„Sojafleisch" (TVP), Sojaprotein, Sojalezithin
röstete Nüsse*, Nußmuse*, tgepreßte, nicht raffinierte e*, ungehärtete Pflanzen- argarinen mit hohem Anteil an tpreßöl*, Butter*	Gesalzene Nüsse, extrahierte, raffinierte Fette und Öle, ungehärtete Pflanzenmargarinen, Kokosfett, Palmkernfett, Butterschmalz	Nuß(-Nougat)-Creme, gehärtete Margarinen
steurisierte Vollmilch, lchprodukte (ohne Zutaten), se* (ohne Zusatzstoffe)	H-Milch(-produkte), Milchprodukte (mit Zutaten), Käse (mit Zusatzstoffen)	Sterilmilch, Kondensmilch, Milchpulver, Milchzucker, Milch-, Molkenprotein, Milch- und Käse-Imitate, Schmelzkäse
isch* (bis 2x/Woche), ch* (bis 1x/Woche), r* (bis 2/Woche)	Fleischwaren, -konserven, Wurstwaren, -konserven, Fischwaren, -konserven	Innereien Ei-Pulver
äuter-, Früchtetees, verdünnte chtsäfte, verdünnte Gemüse- fte, Getreidekaffee*	Tafelwasser, Fruchtnektare, Kakao, Bohnenkaffee, Schwarzer Tee, Bier, Wein	Limonaden, Cola-Getränke, Fruchtsaftgetränke, Instant-Kakao, Instant-Sportlergetränke, Spirituosen
mahlene Gewürze, trocknete Kräuter, liertes Meer-, Kochsalz*	Kräutersalz, Meersalz, Kochsalz	Aromastoffe (natürliche, naturidentische, synthetische), Geschmacksverstärker (Glutamat)
nig* (nicht wärmegeschädigt, rdünnt), Trockenobst* geschwefelt, eingeweicht)	Honig (wärmegeschädigt), Trockenobst (geschwefelt), Apfel-, Birnendicksaft, Vollrohrzucker, Ahornsirup, Zuckerrübensirup	Isolierte Zucker (z. B. Haushalts-, Trauben-, Fruchtzucker, brauner Zucker), Süßwaren, Süßigkeiten, Süßstoffe

Ernährungswissenschaftliche Beurteilung

- Die tabellarische Einteilung der Lebensmittel in 4 Wertstufen kann nicht gleichermaßen der ernährungsphysiologischen, ökologischen und sozialen Qualität eines Lebensmittels gerecht werden. So ist nicht jedes stark verarbeitete Lebensmittel der 3. Wertstufe ernährungsphysiologisch minderwertig und demzufolge „weniger empfehlenswert". Trotz des hohen Verarbeitungsgrades können z. B. ungehärtete Pflanzenmargarine, H-Milch, H-Milchprodukte, Milchprodukte (mit Zutaten), Käse (mit Zusatzstoffen), „Sojamilch" oder Tofu einen Beitrag zur vollwertigen Ernährung leisten.
- Die Kost ist überwiegend lakto-vegetabil. Der Fleisch- und Eierkonsum ist stark eingeschränkt. Das bedeutet gleichzeitig eine geringere Aufnahme an tierischen Fetten, Cholesterin und Purinen.
- Der bevorzugte Verzehr von Vollkornprodukten, Gemüse und Obst sorgt für eine höhere Zufuhr an Stärke, Ballaststoffen, Vitaminen, Mineralstoffen und sekundären Pflanzenstoffen.
- Zu begrüßen ist, daß Zucker, Süßigkeiten und süße Getränke sowie Auszugsmehle nicht empfohlen werden. Diese Lebensmittel liefern hauptsächlich Energie, aber keine oder nur wenig lebenswichtige Nährstoffe.

? *Immer wieder hört man, daß es bei der Zubereitung des Frischkornmüslis zu einer unerwünschten Keimvermehrung kommen kann. Trifft das zu?*

Beim 12 bis 18 stündigen Einweichen des geschroteten Getreides bei Zimmertemperatur, z. B. über Nacht, kann es zu einer unerwünscht hohen Vermehrung krankmachender Keime kommen. Unbedenklich ist das Einweichen im Kühlschrank. Wenn Sie Sauermilch nehmen, wird zusätzlich das Bakterienwachstum gebremst.

? *Kann man mit der Vollwert-Ernährung Übergewicht vorbeugen?*

Vollwert-Ernährung hat einen hohen Sättigungswert, da sie viel Vollkorngetreide und Rohkost enthält. Übersteigt der Energiegehalt der Kost nicht den persönlichen Energieverbrauch, hilft Vollwert-Ernährung Übergewicht vorzubeugen. Enthält sie aber viel Fett (z. B. in Form von fettem Käse, Sahne, Eiern, fettreichen Salatsoßen, Nüssen, Sonnenblumenkernen) und Trockenobst, kann sie ebenso zur Gewichtszunahme beitragen wie jede andere Kost.

FAZIT:

Die Vollwert-Ernährung ist als Dauerkost geeignet. Zwar wird die Einteilung der Lebensmittel in Wertstufen nicht immer der ernährungsphysiologischen Qualität gerecht, die Orientierung an diesem System führt aber letztendlich zu einer pflanzenreichen Kost mit hohem Getreide- und Rohkostanteil. Gleichzeitig werden bei der Lebensmittelauswahl auch ökologische und soziale Aspekte berücksichtigt.

Vollwertkost nach Bruker

Ursprung:

Hippokrates, Hufeland, Bircher-Benner, Kollath (gest. 1970);
heute vertreten durch Dr. med. M. O. Bruker

Grundlagen

Bruker beurteilt die Nahrung nicht nach ihrem Energie- bzw. Nährstoffgehalt, sondern nach ihrer „Lebendigkeit und Natürlichkeit". „Lebendig" seien nur Lebensmittel, die ganz naturbelassen oder nur mechanisch oder fermentativ verändert sind. „Nahrungsmittel" dagegen seien „tot". Sie wurden erhitzt, konserviert und präpariert und könnten nur noch Teilaufgaben erfüllen („Teilprodukte").

Die sogenannten „Vitalstoffe", zu denen Bruker Vitamine, Spurenelemente, Mineralstoffe, Enzyme, ungesättigte Fettsäuren, Ballaststoffe und Aromastoffe zählt, spielen eine wichtige Rolle in der Vollwertkost. Sie sollen nur in „Lebensmitteln" enthalten sein. „Nahrungsmittel" seien vitalstofffrei und daher „gesundheitsschädlich". Nach Bruker stehen Vitalstoffmangel und der hohe Verzehr an Fabriknahrung, insbesondere „Fabrikzucker" und Auszugsmehlen, an erster Stelle der Ursachen für die Entstehung ernährungsbedingter Zivilisationskrankheiten.

Das würde auch für alle Erkrankungen des Bewegungsapparates (z. B. Rheuma), des Stoffwechsels (z. B. Diabetes mellitus), der Verdauungsorgane (z. B. Bauchspeicheldrüsen-Erkrankungen), der Gefäße (z. B. Herzinfarkt), Entzündungen der Luftwege, Erkältungen, Nierenbecken- und Blasenentzündungen, Allergien und in gewissem Maße auch auf Krebserkrankungen zutreffen, die Bruker mit zu den ernährungsbedingten Zivilisationskrankheiten zählt.

Bruker geht davon aus, daß mit der Vollwertkost ernährungsbedingte Zivilisationskrankheiten verhindert und, je nach Erkrankungsstadium, geheilt werden können.

Die Vollwertkost stützt sich, enger als die Vollwert-Ernährung, auf die Lehren Werner Kollaths. Zusätzlich beruhen die Empfehlungen Brukers auf persönlichen Erfahrungen, die er bei der Anwendung der Vollwertkost in der Therapie verschiedener Krankheiten gewonnen hat.

Lebensmittelauswahl

Zur Vorbeugung und Behandlung ernährungsbedingter Zivilisationskrankheiten empfiehlt Bruker:

1. Vollkornbrot und Vollkorngetreide,
2. Frischkost und 3 Eßlöffel Frischkornbrei (je mehr Frischkost, desto größer sei die vorbeugende und heilende Wirkung),
3. naturbelassene Fette (Öle und Butter),
4. Einschränkung der Fabrikzuckerarten gleich welcher Art,
5. möglichst wenig Fabriknahrungsmittel (z. B. Konserven, Fabrikfette).

Sonst sei alles erlaubt.

Bei einer biologisch vollwertigen Gesamtkost seien Fleisch und Wurst zwar unnötig, mäßiger Verzehr von gekochtem Muskelfleisch und Eiern würde jedoch keinen Schaden anrichten. Bruker empfiehlt, grundsätzlich Lebensmittel aus anerkannt ökologischer Landwirtschaft zu bevorzugen.

Ernährungswissenschaftliche Beurteilung

- Der bevorzugte Verzehr von Vollkornprodukten, Gemüse und Obst bewirkt eine höhere Zufuhr an Kohlenhydraten, Ballaststoffen, Vitaminen, Mineralstoffen und sekundären Pflanzenstoffen. Die Kost ist überwiegend laktovegetabil. Der geringe Konsum an Fleisch und Eiern hat gesundheitliche Vorteile, denn die Kost enthält dadurch weniger tierisches Fett, Cholesterin und Purine.

- Brukers Einteilung der Nahrung in Lebensmittel und Nahrungsmittel ist unsachlich und irreführend. Erhitzte Nahrung ist nicht tot im Sinne von wertlos. Sie ist vielmehr wichtiger Bestandteil unseres Speiseplanes. So enthalten pasteurisierte Milch, daraus hergestellter Käse, gedünstetes Gemüse, raffiniertes Öl und Margarine viele wichtige Nährstoffe. Das gilt sogar für Konserven, die heute schonend hergestellt werden können.
- „Nahrungsmittel" sind keinesfalls gesundheitsschädlich. Gesundheitsschädlich können nur verdorbene oder manche rohe Lebensmittel sein, wie z. B. rohe Bohnen. Die Verzehrsmenge und die Zusammenstellung der Kost sind entscheidend für die Gesundheit. Eine abwechslungsreiche und ausgewogene Mischkost, die auch „Nahrungsmittel" (z. B. gedünstetes Gemüse, gekochte Kartoffeln, pasteurisierte Milch) enthält, kann die Gesundheit erhalten bzw. ernährungsmitbedingten Krankheiten vorbeugen.
- Die Empfehlung, Rohmilch anstelle von erhitzter Milch zu trinken, bedeutet ein gesundheitliches Risiko. Rohmilch kann krankheitserregende Bakterien (z. B. Salmonellen, Escherichia coli, Listerien) enthalten. Diese werden bei schonender Pasteurisierung der Milch abgetötet.

- Rohe Milch und Milchprodukte würden zwar den vegetabilen Speiseplan ergänzen und bereichern, aber eine Einschränkung sei dennoch von Vorteil.

  Diesen Widerspruch begründet Bruker nicht. Unerklärt bleibt auch, warum bei bestimmten Krankheiten (sie werden nicht benannt) tierische Lebensmittel, einschließlich Milch, ganz gemieden werden sollen.

  In einer vollwertigen Kost gehören Milch und Milcherzeugnisse in mäßiger Menge täglich dazu. Es sind wichtige Quellen für hochwertiges Eiweiß, Calcium und Vitamin B_{12}.

  Der Verzicht auf Milch ist nur bei Milchzuckerunverträglichkeit und Milcheiweißallergie erforderlich.
- Der Anspruch auf Heilung ernährungsbedingter Krankheiten allein durch „naturbelassene" Vollwertkost ist unhaltbar.

Widerlegung einiger falscher Behauptungen Brukers

Bruker behauptet/empfiehlt	Berichtigung aus der Sicht der Ernährungswissenschaft
H-Milch und pasteurisierte Milch sind gesundheitsschädlich.	Bei der Pasteurisierung und Ultrahocherhitzung entstehen keine gesundheitsschädlichen Stoffe. Der Vitamingehalt der Milch wird kaum und der Calciumgehalt überhaupt nicht beeinträchtigt.
Fett macht nicht fett.	Fett liefert viel Energie (9 kcal/37 kJ pro Gramm). Ein Übermaß an Energie wird in „Fettpolstern" gespeichert. Ein hoher Fettkonsum trägt mehr zur Entstehung von Übergewicht bei, als der Konsum von Kohlenhydraten.
Raffiniertes Öl ist lediglich ein chemisch reines Fett. Es enthält keine fettlöslichen Vitamine und hochungesättigten Fettsäuren mehr.	Raffiniertes Öl leistet einen ebenso wertvollen Beitrag zur Versorgung mit fettlöslichen Vitaminen, z. B. Vitamin E, und ungesättigten Fettsäuren wie kaltgepreßtes Öl. Es hat den Vorteil, daß es frei von Schadstoffen und Schimmelpilzen ist.
Ein Mangel an Fett und damit an fettlöslichen Vitaminen verschlimmert die Fettsucht.	Es gibt es keinen Zusammenhang zwischen fettlöslichen Vitaminen und Fettsucht.
Arteriosklerose ist kein Cholesterin- und kein Fettproblem, sondern eine Folge denaturierter Zivilisationskost.	Eine hohe Cholesterin- und Fettzufuhr mit der Nahrung kann bei entsprechender Veranlagung die Entwicklung der Arteriosklerose fördern. Der Verarbeitungsgrad der Nahrung hat keinen Einfluß darauf.
Rohe Eier sind am wertvollsten.	Im rohen Eiklar ist eine Substanz (Avidin) enthalten, die die Ausnutzung eines B-Vitamins (Biotin) verhindert. Rohe Eier können stark salmonellenhaltig sein.
Nicht die Ballaststoffe beeinflussen den Blutcholesterin- und Blutzuckerspiegel, sondern die Vitalstoffe.	Die positive Wirkung der Ballaststoffe auf den Blutcholesterin- und Blutzuckerspiegel ist nachgewiesen. Außerdem widerspricht sich Bruker in diesem Punkt, denn eigentlich zählt er die Ballaststoffe zu den Vitalstoffen.
3 Eßlöffel Frischkornbrei täglich verhindern die Entstehung ernährungsbedingter Zivilisationkrankheiten.	Das ist unmöglich. Nicht einzelne Lebensmittel, sondern das richtige Ernährungsverhalten kann dazu beitragen, die Entstehung dieser Krankheiten zu verhindern.

Mit dem Einhalten der o.g. Aussagen und dem Glauben an die Versprechungen Brukers kann ein Risiko für die Gesundheit verbunden sein.

? *Laut Bruker ist der Cholesteringehalt der Nahrung belanglos, und man kann beliebig viel Butter verzehren. Stimmt das wirklich?*

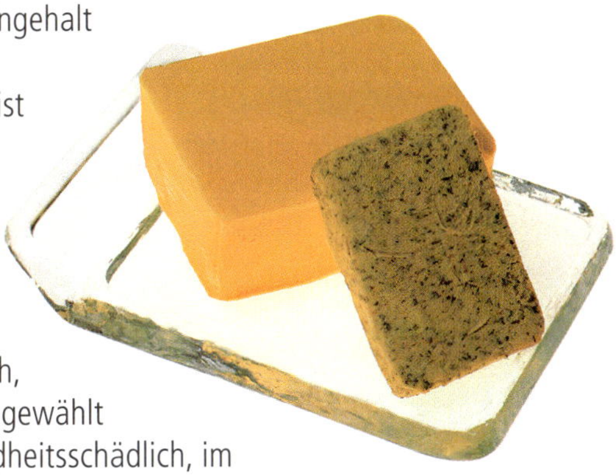

Nein, diese Aussage ist falsch. Der Cholesteringehalt der Nahrung hat auch einen Einfluß auf den Cholesteringehalt des Blutes. Vor allem aber ist die Gesamtfettzufuhr wichtig. Wenn der Blutcholesterinspiegel zu hoch ist, müssen in erster Linie die Gesamtfettzufuhr und die Zufuhr gesättigter Fettsäuren eingeschränkt werden.

Liegt der Cholesterinspiegel im Normalbereich, kann je nach Vorliebe Butter oder Margarine gewählt werden. Übrigens: Margarine ist nicht gesundheitsschädlich, im Gegenteil – sie hat durchaus Vorteile. Pflanzenmargarine ist praktisch cholesterinfrei und reich an mehrfach ungesättigten Fettsäuren.

? *Wie ist die Frischkornmilch zu beurteilen?*

Bei der sogenannten Frischkornmilch handelt es sich um frischgemahlenes, über Nacht eingeweichtes Getreide, das mit Honig und Rohmilch vermischt wird. Diese Frischkornmilch soll dem Säugling schon im ersten Vierteljahr gegeben werden. Davon muß dringend abgeraten werden!

Glutenhaltige Getreidesorten wie Weizen, Roggen, Gerste und Hafer können bei Säuglingen mit entsprechender Veranlagung zum besonders frühzeitigen und schweren Ausbruch von Zöliakie führen und sollten daher erst nach dem 4. Monat auf den Speiseplan kommen. Außerdem kann der Säugling rohes Getreide vor Ende des ersten Lebensjahres noch nicht so gut verdauen.

Durch das Stehenlassen des gemahlenen, eingeweichten Getreides über Nacht bei Zimmertemperatur kann es zudem zu einer unerwünschten Vermehrung krankmachender Keime kommen, die zu einer Lebensmittelvergiftung führen kann.

Rohmilch ist für Säuglinge und Kleinkinder wegen der erhöhten Infektionsgefahr durch krankheitserregende Keime keinesfalls geeignet.

FAZIT:

Die Vollwertkost kann bei sorgfältiger Lebensmittelauswahl als Dauerkost geeignet sein.

Viele Aussagen und Heilversprechen Brukers sind jedoch falsch und sogar gefährlich.

Original Haysche Trennkost

Ursprung

Dr. Howard Hay, amerik. Arzt (gest. 1940)

Verbreitung in Deutschland durch Dr. Ludwig Walb (gest. 1994) und derzeit durch Dr. Thomas Heintze

Grundlagen

Hay litt an einer schweren Nierenerkrankung. Er heilte sich mit einer „naturbelassenen" Kost, die überwiegend aus Obst, Salat und Gemüse bestand. Daraus schloß er: „Der Körper entartet nur, wenn er mit der steigenden Flut seiner Körperrückstände, den Säureendprodukten der Verdauung und den Giften, nicht mehr fertig wird". Ursachen der Übersäuerung seien:

- Der Verzehr „unnatürlicher" Lebensmittel wie Weißmehl, Weißbrot, weißer Zucker. Es sollen Säurebildner sein, die bei der Verbrennung im Blut Kohlensäure hinterlassen.
- Der hohe Verzehr konzentriert eiweiß- bzw. kohlenhydratreicher Lebensmittel. Nach Hays Auffassung besteht der Körper zu 80 % aus basenbildenden und zu 20 % aus säurebildenden Elementen. Dementsprechend sollte auch die Nahrung zusammengesetzt sein. In Anlehnung an diese Theorie empfiehlt Dr. Heintze eine Aufteilung in:

3/4 bis 80 % Basenbildner:	Obst, Salate und Gemüse
1/4 bis 20 % Säurebildner:	Fleisch, Fisch, Käse (stärker säurebildend) Fette und unraffinierte Öle (schwächer säurebildend) Kohlenhydrate wie Vollkornprodukte (schwach säurebildend)

- Die Mißachtung der biochemischen Verdauungsgesetze, wenn konzentriert eiweißhaltige und kohlenhydratreiche Kost in einer Mahlzeit gemischt werden.
- Die verzögerte Verdauung durch geringe Ballaststoffzufuhr. Bei ballaststoffreicher Kost würde die Verdauung durchschnittlich 24 Stunden dauern, bei ballaststoffarmer Kost dagegen bis zu 72 Stunden. Der Speisebrei bliebe länger im Magen-Darm-Trakt und es könne leichter zu Gärungs- und Fäulnisvorgängen kommen. Bei Verstopfung könnten durch Fäulnis und Gärung Giftstoffe, Fuselalkohole und Säuren sowie krebserregende Substanzen entstehen.

Das Haysche Verdauungsgesetz

Hay behauptete, eine konzentriert einweißhaltige und gleichzeitig kohlenhydratreiche Kost könne nicht optimal verdaut werden. Der gemeinsame Verzehr habe eine ungenügende, verzögerte Verdauung und Ansammlung von Säuren zur Folge. Zwar verfüge der Körper über ein Puffersystem, das eine Übersäuerung verhindere, nach Hays Theorie kann dies jedoch durch falsche Lebensführung und ungünstige Ernährung so belastet werden, daß es überfordert wird. Die Trennung von konzentriert eiweiß- und konzentriert kohlenhydrathaltiger Nahrung innerhalb einer Mahlzeit soll Entlastung bringen.

Nach dem Grundsatz „Mische nicht, was die Natur zu mischen unterließ", empfahl Hay, eiweißreiche Lebensmittel (mittags) und kohlenhydratreiche Lebensmittel (abends) getrennt und nur in Kombination mit neutralen Lebensmitteln (siehe Tabelle S. 90) zu verzehren.

Die acht Richtlinien für die Anwendung der Trennkost

1. Innerhalb einer Mahlzeit konzentrierte Eiweißnahrung von konzentrierter Kohlenhydratnahrung trennen.
2. Nur natürliche und naturbelassene Lebensmittel verwenden und nur soviel davon, wie zur Erhaltung des Lebens nötig ist.
3. Konzentriertes Eiweiß und konzentrierte Stärke verringern, um eine Übersäuerung des Körpers zu verhindern.
4. Für einen optimalen Säure-Basen-Haushalt etwa $^2/_3$ überwiegend rohe Basenbildner (Gemüse, Salat, Obst) und nur etwa $^1/_3$ Säurebildner (Eiweiß, Fleisch sowie konzentrierte Kohlenhydrate, z. B. Getreide) verwenden.
5. Trennkost berücksichtigt die Biochemie und den Tagesrhythmus des Körpers. Morgens Basen-, mittags Eiweiß-, abends Kohlenhydratmahlzeiten. Möglichst keine Eiweißmahlzeit nach 15 Uhr.
6. Alle neutralen Lebensmittel können sowohl mit eiweißhaltigen als auch mit kohlenhydrathaltigen Lebensmitteln kombiniert werden.
7. Langsam und in Ruhe essen. Gründlich kauen.
8. Zwischen den einzelnen Mahlzeiten Abstände von 3 bis 4 Stunden lassen.

Die Zusammensetzung der Nahrung nach Hay und Walb

Mische nicht

Konzentrierte Lebensmittel vorwiegend kohlenhydrathaltig (Stärke, Zucker)

mische

Neutrale Lebensmittel

mische

Konzentrierte Lebensmittel, vorwiegend eiweißhaltig

Konzentrierte Lebensmittel vorwiegend kohlenhydrathaltig (Stärke, Zucker)

Vollkorngetreide,
Vollkornmehl,
Vollkornbrot,
Vollkornnudeln,
Naturreis,
Kartoffeln,
Topinambur,
Patate,
Schwarzwurzeln

Bienenhonig,
Feigen,
getr. Datteln,
getr. Äpfel,
getr. Aprikosen,
getr. Pflaumen,
getr. Rosinen,
Bananen

Nicht empfohlen!
Weißmehl,
Weißbrot,
Weißmehlnudeln,
polierter Reis,
Sago, Erdnüsse,
weißer Zucker,
Süßigkeiten,
Marmeladen,
Gelees,
Eingemachtes

*Unter dem historischen Aspekt (Original Hay) gesehen, gehören gekochte Tomaten und gekochter Spinat zu den Eiweißmahlzeiten.

Neutrale Lebensmittel

1. Fette
pflanzliche Öle und Fette, Butter, Rahm, Quark, gesäuerte Milchprodukte wie Kefir, Buttermilch, Vollmilchjoghurt, Doppelrahmkäse über 60 % Fett i. T., Eigelb, reife Oliven

2. Gemüse
Blattsalate, Karotten, rote Rüben, Zwiebeln, Lauch, Blumenkohl, Brokkoli, Spargel, Bohnen, Erbsen (grün), Mangold, Rettich, Radieschen, Spinat*, Tomaten*, Sellerie, Kohlrabi, Wirsing, Rotkohl, Weißkraut, Sauerkraut, Kürbis, Gurken, Rosenkohl, Paprikaschoten, Fenchel, Chicorée, Chinakohl, Pilze

3. Andere Nahrungsmittel
Agar-Agar, Nüsse, Mandeln außer Erdnüssen, Heidelbeeren, Rinderschinken, roh***, Rindersalami, roh***

4. Gewürze
Vollmeersalz, Kräuter-, Selleriesalz, Knoblauch, Paprika, Muskat, Pfeffer**, Curry, Basilikum, Wild- und Gartenkräuter

Nicht empfohlen!
Getrocknete Hülsenfrüchte, käufliche Mayonnaisen, Suppen, Saucen, schwarzer Tee, Kaffee, Kakao, Eingemachtes, Essigessenz

Konzentrierte Lebensmittel, vorwiegend eiweißhaltig

Fleisch, Wild,
Fische, Geflügel,
Magerkäse (bis 55 % Fett i.T.),
Eier, Sojamehl

Saures Obst wird mit überwiegend eiweißhaltigen Lebensmitteln kombiniert.

Beerenobst,
Kernobst,
Steinobst,
Zitrusfrüchte,
Kiwi, Ananas,
Melonen

Nicht empfohlen!
rohes Eiweiß von Eiern,
fette Wurst,
Rhabarber,
Eingemachtes,
Gekochtes in großen Mengen

**Unter historischen Gesichtspunkten (Original Hay) betrachtet, gilt Pfeffer als nicht empfehlenswert.

***Unter historischen Gesichtspunkten (Original Hay) betrachtet, gelten rohe Rindersalami und roher Rinderschinken als neutral, unter analytischem Aspekt (Proteingehalt) gehören sie zur Eiweißgruppe.

Quelle: L. Walb , T. Heintze, P. Lehmann: Original Haysche Trennkost, Karl F. Haug Verlag (1996)

Ernährungswissenschaftliche Beurteilung

- Die Trennkost ist überwiegend lakto-vegetabil. Sie enthält hauptsächlich Gemüse, Salat und Obst, vor allem roh. Diese Lebensmittel sind wichtige Quellen für Vitamine, Mineralstoffe, Ballaststoffe sowie sekundäre Pflanzenstoffe. Die Empfehlung, weniger Fleisch zu verzehren, ist von Vorteil, denn das bedeutet gleichzeitig eine geringere Aufnahme an Fetten, Cholesterin und Purinen.
- Sie ist kalorien- und fettarm – dies ist die Ursache von Abnahmeerfolgen mit der Trennkost – und nicht das Trennprinzip!
- Wie man seine Kost auf die Relation 3/4 bis 80 % (überwiegend rohe) Basenbildner und 1/4 bis 20 % Säurebildner überprüfen kann, wird auch in dem Buch von Dr. Walb und Dr. Heintze nicht erwähnt und nicht erklärt.
- Da die Trennkost nur 1/4 bis 20 % säurebildende Lebensmittel enthalten soll, kommen Getreide und Getreideerzeugnisse mit ihren unentbehrlichen Inhaltsstoffen wie B-Vitaminen, Folsäure, Magnesium, Eisen und Selen, aber auch Käse (Calcium), Fisch (Jod, Omega-3-Fettsäuren) oder Fleisch (Eisen), deutlich zu kurz. Getreide und daraus hergestellte Produkte sind die Lebensmittel, die in einer vollwertigen Ernährung im Mittelpunkt stehen und mengenmäßig überwiegen sollten. In der Trennkost sind sie jedoch nur unzureichender Bestandteil innerhalb des 20 bis 25 %igen „Säure-Anteils", den sie sich auch noch mit Fleisch, Fisch, Käse und Fetten teilen müssen. Eier erfahren keine Zuordnung als Säure- bzw. Basenbildner. Das gilt auch für Milch.
- Es werden zwar Vollkornerzeugnisse empfohlen, jedoch nur in kleinster Menge. Das ist unverständlich, da die Ballaststoffe im Getreide wirkungsvoller die Verdauung und Ausscheidung fördern als die Ballaststoffe in Gemüse und Obst.

- Eine basenüberschüssige Kost bringt keine nachweislichen Vorteile. Eine durch Ernährung verursachte Übersäuerung des Körpers ist beim Gesunden nicht zu befürchten, da Puffersysteme den Säure-Basen-Spiegel im Blut regulieren und konstant halten. Besteht eine Azidose, liegt eine Krankheit vor, die vom Arzt behandelt werden muß.
- Hays „chemisches Verdauungsgesetz" besagt, daß eine gleichzeitig konzentriert eiweißhaltige und kohlenhydratreiche Kost nicht optimal verdaut werden könne. Das Enzymsystem unseres Magen-Darm-Trakts ist jedoch auf eine gleichzeitige Verdauung von Eiweiß und Kohlenhydraten eingestellt. Eine verzögerte Verdauung und „Gärung" im Darm ist deshalb nicht zu befürchten. Außerdem enthalten fast alle Lebensmittel gleichzeitig Eiweiß und Kohlenhydrate (z. B. Milch, Getreide und Hülsenfrüchte).
- Die Einteilung in vorwiegend kohlenhydrat- und eiweißhaltige sowie neutrale Lebensmittel ist teilweise unlogisch bzw. willkürlich: Käse bis 55 % Fett i. Tr. enthält z. B. nach Walb und Heintze „vorwiegend" Eiweiß, obwohl der Fettanteil meist höher ist. Fettreichere Sorten werden als „neutral" eingestuft. Zu den neutralen Lebensmitteln gehören auch Quark und gesäuerte Milchprodukte, obwohl sie eiweißreich sind. Saures Obst ist der Gruppe der vorwiegend eiweißhaltigen Lebensmittel zugeordnet. Seine Fruchtsäuren sollen die Kohlenhydratverdauung im Mund beeinträchtigen, wenn es zusammen mit vorwiegend kohlenhydrathaltigen Lebensmitteln gegessen wird. Diese Annahme ist wissenschaftlich nicht belegt.
- Milch ist in jeder Form verwendbar. Ungesäuerte Milch sollte man nur zu Salaten, sauren Früchten und anderen Basenbildnern verzehren. Milch mit saurem Obst und Gemüse, roh oder gekocht, soll Giftstoffe ausschwemmen. Diese Theorien sind wissenschaftlich nicht belegt.
- Die Trennkost soll bei Untergewichtigen zu Gewichtszunahme und bei Fettleibigen zu Gewichtsabnahme führen, denn „die Neigung des Körpers geht immer nach dem Normalen, wenn der Säureüberschuß im Körper aufgehoben und die Funktion normal ist". Das ist nicht richtig: Nicht die Säure im Körper beeinflußt das Körpergewicht, sondern Energie-, Fett- und Kohlenhydratgehalt der Nahrung.
- Der körpereigene Eiweißaufbau wird durch das Fehlen der Kohlenhydrate als Energiequelle weniger effektiv, daher ist ein gemeinsamer Verzehr von Eiweiß und Kohlenhydraten günstiger.

- Es wird der Eindruck vermittelt, daß durch das Trennprinzip bestimmte Krankheiten wie Nierenerkrankungen, Diabetes mellitus oder Fettstoffwechselstörungen maßgeblich beeinflußt bzw. geheilt werden können. Nicht der getrennte Verzehr von vorwiegend eiweißhaltigen und vorwiegend kohlenhydrathaltigen Lebensmitteln erzielt jedoch positive Veränderungen, sondern die Umstellung der Ernährung auf einen reichlichen Verzehr von Obst, Gemüse und Salat bei gleichzeitigem Verzicht auf große Fleischportionen, fette Wurst, Zucker, Süßigkeiten und täglichen Alkoholkonsum. Dadurch erreicht man eine Gewichtsreduktion.

? *Hülsenfrüchte gelten in der Trennkost als nicht empfehlenswert. Stimmt es, daß Hülsenfrüchte schwer verträglich sind, weil sie Eiweiß und Kohlenhydrate gleichzeitig enthalten?*

Nach dem Verzehr von Hülsenfrüchten kann es zu Blähungen kommen. Diese hängen aber nicht mit der Mischung von Eiweiß und Kohlenhydraten in den Hülsenfrüchten zusammen. Die Blähungen entstehen beim Abbau der enthaltenen Oligosaccharide (Mehrfachzucker) und Ballaststoffe durch Darmbakterien.

? *Kommt es wirklich zu Fäulnis im Magen durch unverdaute Eiweißreste?*

Fäulnis im Magen kann es nicht geben, weil Eiweiß nicht unverdaut im Magen bleibt.

? *Sind Sodbrennen und saures Aufstoßen Zeichen von Übersäuerung?*

Eine Übersäuerung beim Gesunden ist nicht möglich, da Puffersysteme im Körper eine Übersäuerung des Blutes verhindern. Bei magenempfindlichen Personen, die zu einer Übersäuerung des Magens neigen, kann es allerdings leicht zu einem Aufstieg der Magensäure in die Speiseröhre kommen. Es kommt zu Sodbrennen und saurem Aufstoßen.

FAZIT:

Der Säure-Basengehalt der Kost läßt sich nicht berechnen und infolgedessen auch nicht kontrollieren. Befolgt man die Anweisung, die Ernährung zu 75 bis 80 % nur mit Obst, Gemüse und Salat zu bestreiten mit der Folge, daß nur 20 bis 25 % für Getreideprodukte, Fleisch, Fisch, Fette und Milchprodukte verbleiben, ist eine vollwertige Ernährung nicht zu realisieren.

Trennkostanhänger orientieren sich vielmehr an der Tabelle „Die Zusammensetzung der Nahrung nach Hay und Walb" und den Ernährungstips, z. B. täglich nur 60 bis 100 g Fleisch und Fisch und nicht mehr als 30 bis 60 g Fett zu essen, auf Zucker und Süßigkeiten zu verzichten usw. Das bewirkt die Gewichtsreduktion – nicht das Trennprinzip. Die Trennkost erfordert die genaue Planung der Ernährung bis hin zum Einkauf, da die Bestandteile der Tagesration zueinander passen müssen. Das zwingt zu disziplinierter Ernährung.

Als Dauerkost kann die Original Haysche Trennkost allerdings nur empfohlen werden, wenn der Getreideanteil deutlich erhöht sowie eine ausreichende Zufuhr von Milch und Milchprodukten eingeplant wird.

Fit fürs Leben – Fit for Life

Ursprung

1850: Zusammenschluß von Ärzten zu einer Bewegung natürlicher Gesundheit in Amerika

1862: Gründung einer nationalen Gesundheitsgesellschaft durch Dr. Russel Trall

1985: Publikation des Ernährungsratgebers „Fit for Life" von Dr. Harvey und Marilyn Diamond in Deutschland; Teil II erschien 1989

Grundlagen

Fit fürs Leben versteht sich als Lehre von der natürlichen Gesundheit. Das ganzheitliche Lebenskonzept baut auf die „Verdauungsenergie" des Menschen. Ziel ist das energetische Gleichgewicht des Körpers durch Steigerung der Selbstreinigungskräfte. Essen nach den natürlichen Körperzyklen, tägliches Bewegungstraining, viel frische Luft und Sonnenschein stehen im Mittelpunkt des neuen „energiegeladenen" Lebensstils.

Mit ihrem Konzept versprechen die Diamonds eine schnelle, erfolgreiche Gewichtsabnahme, einen jugendlich schlanken Körper, Schönheit, Vitalität, psychische und geistige Gesundheit. All dies sei ohne Hungern, Kalorienzählen, Mengenbeschränkung und strenge Verhaltensregeln möglich. Man könne essen soviel man wolle, betonen die Diamonds. Es käme nur darauf an, den Verzehr lebendiger, das heißt naturbelassener Lebensmittel an die natürlichen Verdauungsgesetze und Zyklen der Körperfunktionen anzupassen. Dadurch würden persönliche Energien effektiv genutzt, um angeblich giftige Abfallprodukte (= überschüssiges Gewicht) aus dem Körper zu entfernen. Je mehr Energie für die „Entgiftung" zur Verfügung stünde, desto mehr Gewicht ginge verloren. Darum sei es wichtig, so wenig wie möglich Abfall zu produzieren und keine Energie zu verschwenden. Die Anpassung der Ernährung an die natürlichen Zyklen der Körperfunktionen sei maßgeblich daran beteiligt.

Die Diamonds unterscheiden drei Zyklen der Körperfunktionen:

- von 12 bis 20 Uhr Nahrungsaufnahme (Essen und Aufschließen)
- von 20 bis 4 Uhr Nahrungsausnutzung (Verwertung)
- von 4 bis 12 Uhr Nahrungsausscheidung (von Schlacken und Nahrungsresten)

Für die Entgiftung des Körpers ist nach den Überlegungen der Diamonds eine ungestörte Ausscheidungsphase am Morgen bedeutsam. Diese sei nur sicherzustellen, wenn morgens ausschließlich frisches, rohes Obst oder frisch gepreßter Fruchtsaft verzehrt wird. Die Menge sei belanglos. Obst verbrauche praktisch keine Energie, begründen die Diamonds. Die verfügbare Energie stünde somit für die Ausscheidungsphase bereit. Außerdem sei Obst in der Lage, Giftstoffe aufzuspüren und hinauszuspülen. Es müsse aber grundsätzlich allein und auf leeren Magen gegessen werden.

Obst spielt nicht nur wegen seiner angeblichen Entgiftungseigenschaften eine herausragende Rolle in dem Konzept der Diamonds. Es sei das wichtigste Lebensmittel überhaupt, bekräftigen sie. Es würde Nährstoffe, Wasser und Lebenskraft wie kein anderes Lebensmittel enthalten. In seiner Zusammensetzung sei es sogar dem menschlichen Körper biologisch angepaßt. Dies würde aber nur für frisches „lebendiges" Obst gelten. Verarbeitet und denaturiert sei es säurebildend, giftig, der Vitalstoffe beraubt und darum „tot".

Lebensmittelauswahl

Die Diamonds behaupten, der hohe Verzehr angeblich „toter" Nahrung sei mitverantwortlich für die Vergiftung des Körpers. Entzündungen, graues Haar, Kahlköpfigkeit, nervöse Anfälle, dunkle Ringe unter den Augen, frühzeitige Falten im Gesicht, allgemeines Unbehagen, Trägheit und langfristig Übergewicht, Verfall der Gesundheit, Energie- und Vitalitätsverlust seien die Folgen.

Die Diamonds empfehlen darum hauptsächlich „lebendige" Nahrung. Sie soll dem Körper alles liefern, was er zum Leben braucht, einschließlich des Wassers für den Transport von Nährstoffen und die Reinigung von giftigen Schlacken. Wasser zum Trinken, das heißt Leitungs- oder Mineralwasser, sei kein geeignetes Transportmittel. Außerdem würde es anorganische Mineralstoffe enthalten, die der Körper nicht verwerten könne. Sie würden sich mit Cholesterin verbinden und als dicke Plaques in den Arterien abgelagert werden. Als Getränk empfehlen die Diamonds stattdessen dampfdestilliertes, mineralstofffreies Wasser.

Milch wird absolut abgelehnt. Wegen eines Enzymmangels könne der Mensch ab dem 3. Lebensjahr Milch nicht mehr verdauen. Sie würde im Verdauungstrakt zähe, quarkartige Klumpen bilden, die zum Teil verhärten und dadurch die Aufnahme von Nährstoffen im Körper verhindern. Es käme außerdem zu einer Überladung mit giftigem Schleim, der die Gewichtsreduzierung um das 2 bis 3-fache erschweren würde.

Da Erde und Körper zu etwa 70 % aus Wasser bestehen, sollte nach der Schlußfolgerung der Diamonds eine „energiereiche" Kost zusammengesetzt sein aus:

- 70 % wasserreicher, „lebendiger" Nahrung (Obst, Gemüse und Salat) und
- 30 % konzentrierter, „toter" Nahrung (zum Beispiel Brot, Fleisch, Milcherzeugnisse).

Konzentriert eiweiß- und kohlenhydratreiche Lebensmittel dürfen nach dem Verdauungsgesetz der Diamonds nur voneinander getrennt und nur in Kombination mit Obst, Gemüse und Salat verzehrt werden. Die Mischung von Eiweiß und Kohlenhydraten würde die Verdauung verzögern, Eiweiße würden im Magen faulen und Kohlenhydrate im Darm gären. Es komme zur Bildung giftiger Säuren. Sodbrennen, Blähungen und saures Aufstoßen nach dem Essen seien die direkten Folgen. Der Körper würde außerdem aufgrund von Energieverschwendung in eine Energiekrise geraten.

Ernährungswissenschaftliche Beurteilung

- Eine Kost, die sich vorwiegend aus Obst, Gemüse und Salat zusammensetzt, kann nicht vollwertig sein. Bei den Diamonds kommt vor allem das Getreide zu kurz.
- Obst und Gemüse enthalten reichlich Vitamine, insbesondere die antioxidativen Vitamine C und Beta-Carotin, sekundäre Pflanzenstoffe, Mineralstoffe und Ballaststoffe, aber nicht alle Nährstoffe, die der Mensch zum Leben braucht. Sie können nicht das Calcium aus Milch und Milcherzeugnissen ersetzen, wie die Diamonds jedoch behaupten. Das gilt auch z. B. für Eiweiß, Vitamin B_{12}, Eisen oder Zink. Bei einseitiger Ernährung kann es zu einer unzureichenden Versorgung mit diesen Nährstoffen kommen.
- Die Unterscheidung zwischen „lebendigen" und „toten" Lebensmitteln entzieht sich einer logischen, naturwissenschaftlichen Begründung.
- Die Trennung von eiweiß- und kohlenhydratreichen Lebensmitteln in einer Mahlzeit ist nicht begründbar und nicht erforderlich. Sie können, entgegen Diamonds Auffassung, gleichzeitig verdaut werden und bilden keine „giftigen Schlacken".
- Die Anpassung der Nahrungsaufnahme an die Zyklen der Körperfunktionen entbehrt in dieser Form einer physiologischen Begründung.

- Die Behauptung, Fleisch und Milch würden wegen der Bildung giftiger Schlacken und Säuren und der Verschwendung von Energie eine schnelle, erfolgreiche Gewichtsabnahme behindern, ist absurd und durch nichts belegt.
- Die Diamonds behaupten, Aminosäuren (in Fleisch und Milch) und Calcium (in Milch) würden durch Erhitzen so geschädigt, daß sie nicht mehr verwendbar seien. Das stimmt nicht. Schonende Erhitzung beeinträchtigt nicht den Gehalt und die Verwertbarkeit der Aminosäuren und des Calciums in den Lebensmitteln.
- Ab dem dritten Lebensjahr soll der Mensch Milch nicht mehr verdauen können. Milchunverträglichkeit aufgrund eines Mangels an einem Verdauungsenzym ist aber ein individuelles Problem vergleichsweise weniger Erwachsener. Keinesfalls sind Klumpen- und Schleimbildung die Folgen, sondern Symptome wie Blähungen und Durchfälle.
- Die Diamonds empfehlen auch Schwangeren, sich überwiegend von rohen Früchten, Gemüse sowie Nüssen und Samen zu ernähren. Damit würden sie alle Nährstoffe bekommen, die sie bräuchten, einschließlich aller notwendigen Aminosäuren und gut verwertbarem Calcium. Diese Empfehlung ist unverantworlich. Gerade Schwangere mit ihrem erhöhten Nährstoffbedarf brauchen eine abwechslungsreiche Mischkost, die auch genügend Milch oder Milcherzeugnisse enthält. Es kommt sonst zu einem Mangel an Eiweiß, Calcium, Eisen, Zink, Jod, Vitamin B_{12} etc., der Mutter und Kind gefährden kann.

? *Ist Übergewicht tatsächlich die Folge einer Ansammlung von Schlacken und Säuren aus „denaturierter" Nahrung und der daraus resultierenden Energieverschwendung?*

Nein, Übergewicht entsteht durch Kalorienüberschuß und/oder Bewegungsmangel.

? *Ist es ernährungsphysiologisch von Vorteil, wenn man morgens bzw. vormittags nur Obst ißt oder Obstsaft trinkt?*

Die Diamonds meinen, dadurch würde die Ausscheidungsphase nicht gestört. Diese Begründung ist physiologisch nicht nachvollziehbar. Ein Frühstück mit Vollkorngetreide, Milch oder Milcherzeugnissen und Obst oder Obstsaft bringt die während der nächtlichen Ruhepause verbrauchte Energie zurück.

FAZIT:

Das Fit for Life-Ernährungskonzept ist nicht als Dauerkost geeignet, denn wichtige Lebensmittel wie Getreide, Kartoffeln, Milch oder Milchprodukte kommen deutlich zu kurz.

Viele Empfehlungen und Aussagen der Diamonds sind wissenschaftlich unhaltbar und teilweise völliger Unsinn.

Anthroposophische Ernährung

Ursprung

Rudolf Steiner (gest. 1925);
weitergeführt von Udo Renzenbrink (gest. 1994)

Grundlagen

Rudolf Steiner begründete die Lehre der Anthroposophie, die den Menschen als einen ganzheitlichen Zusammenhang von stofflichem und belebtem Körper, von Seele, Geist und Persönlichkeit („Ich") begreift. Nach anthroposophischen Überlegungen befinden sich in allem Lebendigen – Pflanze, Tier und Mensch – sogenannte Bilde- bzw. Ätherkräfte. So sollen beim Verzehr eines Lebensmittels nicht nur die Nährstoffe auf den Menschen wirken, sondern auch die im Lebensmittel innewohnenden Kräfte. Diese kommen auch aus dem Anbau, der Be- und Verarbeitung des Lebensmittels, aus den Gefühlsregungen des Menschen beim Umgang mit dem Lebensmittel und dessen Verzehr oder aus den Gefühlsregungen des Tieres (z. B. vor der Schlachtung). Die Lebensmittel sollen unterschiedliche Mengen und Arten von Kräften enthalten. Möhren enthielten zum Beispiel andere Kräfte als Kartoffeln oder Fleisch und Rohkost hätte einen höheren Gehalt an Kräften als gekochte Lebensmittel. Die vitalkraftreiche Rohkost ernährt angeblich den vitalen Körper, der die körperliche Gesundheit bestimmt.

Der Gehalt an sog. ätherischen Bildekräften in der Nahrung, aber auch Geschmack, Bekömmlichkeit und Nährwert sollen vom Zusammenwirken irdischer und kosmischer Kräfte abhängen, meinen die Anthroposophen. Mit bestimmten Methoden in der Landwirtschaft (biologisch-dynamischer Anbau, Demeter Erzeugnisse) könne die Harmonie zwischen diesen Kräften erreicht werden.

Mit einer anthroposophischen Lebens- und Ernährungsweise wird neben der körperlichen Gesunderhaltung vor allem eine positive Beeinflussung der geistig-seelischen Entwicklung und Erkenntnisfähigkeit des Menschen angestrebt.

„... hinter allem Materiellen ist Geistiges, auch hinter der Nahrung. Mit ihr nehmen wir nicht nur das auf, was materiell vor unseren Augen sich ausbreitet, sondern wir essen das mit, was Geistiges dahinter ist."

Diese philosophischen Grundüberlegungen Steiners führen zu einer recht ungewöhnlichen Definition des Begriffes „Lebensmittelqualität": Die Qualität eines Lebensmittels ist abhängig von seinem Gehalt an ätherischen Bildekräften.

Die Anthroposophie unterscheidet vier elementare Bildekräfte, sog. „Äther", die aus dem kosmischen Umfeld in die „Stoffeswelt" fließen sollen und auf deren Zusammenwirken die Entstehung der mineralischen und pflanzlichen Welt zurückzuführen sei:

- Der Lebensäther ist die umfassende Bildekraft. Er hat gestaltbildende Tendenz und wirkt vor allem im Wurzelbereich der Pflanzen auf die mineralischen Umsetzungen.
- Der chemische Äther ist quellender Natur. Er ist verantwortlich für die chemischen Stoffumwandlungen im wäßrigen Milieu von Blatt und Stengel.
- Der Lichtäther steht in Beziehung zum Farbenspiel der Blüten und zum Chlorophyll der Blätter, das die Lichtenergie aufnimmt.
- Der Wärmeäther sorgt für die Reifung von Samen und Früchten. Ohne Wärme gäbe es kein Leben.

Die vier elementaren Bildekräfte, sog. „Äther"

Die vier Äther bilden den „Ätherleib" der Pflanzen, die über dem Mineralischen stehen sollen. Im Tierreich kommt mit dem „Astralleib" die Entfaltung des Seelischen hinzu. Der Mensch steht über dem Tierreich, denn nur er verfügt nach anthroposophischer Erkenntnis über eine individuelle Geistesseele mit Selbstbewußtsein und Selbstverantwortung.

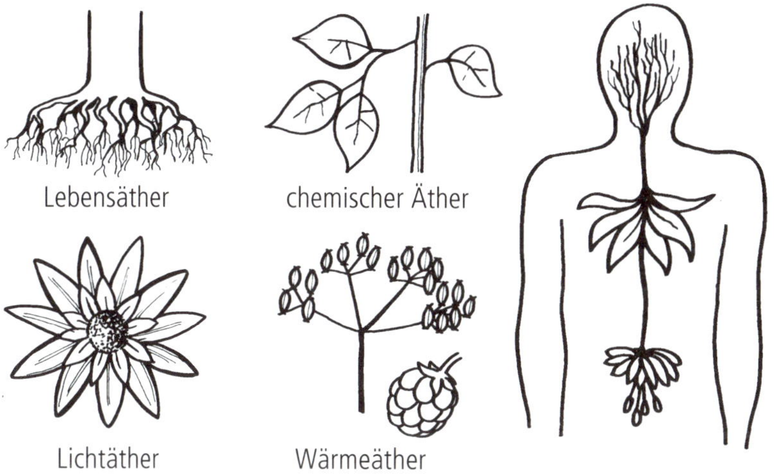

Quelle: U. Renzenbrink: Ernährungskunde aus anthroposophischer Erkenntnis (1988)

Geschmack, Bekömmlichkeit und Nährwert eines Lebensmittels werden durch den Gehalt an Bildekräften bestimmt. Für Anthroposophen von besonderer Bedeutung: Nahrung, die reich ist an ätherischen Bildekräften, wirkt sich positiv auf die Gedankenbildung und geistig-seelische Entwicklung des Menschen aus. Verdauung wird sozusagen als „Vergeistung" der Nahrung begriffen.

Die Dreigliederung der Nahrungspflanzen in Wurzel, Blatt/Stengel und Blüte/Frucht soll beim Menschen den Bereichen Nerven/Sinne, Herz/Lunge und Stoffwechsel/Fortpflanzung entsprechen. Mit dem Verzehr bestimmter Pflanzen(-teile) würde der Mensch seinen Gesundheits- und Entwicklungsstand beeinflussen können. So würde zum Beispiel eine wurzelreiche Kost bei Belastung des Nerven-Sinnes-Systems, wie sie bei „kopfmäßig" tätigen Menschen anzutreffen sei, ausgleichend wirken.

Lebensmittelauswahl

Verbote gibt es in der anthroposophischen Kost nicht. Es wird aber empfohlen, nur wenig Fleisch und Kartoffeln zu essen, da laut Steiner Fleischkost den geistig strebenden Menschen in der Entwicklung aufhalten könne und übermäßiger Kartoffelgenuß den allgemeinen Instinktverlust und das nicht erstrebenswerte intellektuelle, materialistische Denken fördere.

Die Lebensmittelauswahl entspricht einer überwiegend Ovo-lakto-vegetabilen Kost. Neben pflanzlichen Produkten dürfen auch Eier (2 bis 3/Woche) sowie Milch und Milchprodukte und in geringen Mengen auch Fleisch (1 bis 2mal/Woche) verzehrt werden.

Vollkorngetreide spielt eine herausragende Rolle in der anthroposophischen Ernährung. In ihm sind alle Kräfte vereint. Außerdem soll es reich an Kieselsäure sein, die günstig auf Gehirn, Herz, Lunge und andere Organe wirken würde.

Anthroposophen bevorzugen Produkte, die biologisch-dynamisch erzeugt wurden („demeter", „biodyn"). Diese Art des landwirtschaftlichen Anbaus, die kosmische Wirkungen berücksichtigt, soll Lebensmittel mit einem besonders hohen Gehalt an Bildekräften hervorbringen.

Gemieden werden sollte ein „Zuviel" an (tierischem) Eiweiß, denn dies führe zu einer Einschränkung der schöpferischen Kräfte. Außerdem wird ein übermäßiger Eiweißkonsum aufgrund der toxischen Wirkung unverdauter Eiweißreste als Hauptursache der „Sklerose" angesehen.

Eine besondere Rolle spielt bei den Anthroposophen der Zucker. Er gilt als „Träger des menschlichen Ich", denn „das Geistige braucht die Substanz, um sich im Irdischen zu verwirklichen". Wenn Steiner von Zucker spricht, dann meint er jedoch nicht den isolierten Haushaltszucker, sondern den natürlichen Zucker in Obst, Trockenfrüchten, Obstdicksäften, Zuckerrübensirup oder Malzextrakt. Industriezucker als „leerer Kohlenhydratträger" sollte gemieden werden.

Die sieben empfehlenswerten Lebensmittelgruppen in der anthroposophischen Kost:

1.	Getreide (= Grundnahrungsmittel)
2.	Obst und Gemüse
3.	Milch und Milchprodukte
4.	Nüsse, Öle und Fette
5.	Süßungsmittel
6.	Getränke
7.	Gewürze

Ernährungswissenschaftliche Beurteilung

- Die Überlegungen Rudolf Steiners zum „geistigen Gehalt" bestimmter Lebensmittel können zu einer starken Einschränkung des Kartoffelverzehrs führen. Das ist nicht zu begrüßen, denn die Kartoffel ist vor allem ein guter Lieferant für Stärke, Ballaststoffe und die Vitamine B_1 und C.
- Obst, Gemüse und der bevorzugte Verzehr von Vollkornprodukten erhöhen die Zufuhr an Kohlenhydraten, Ballaststoffen, Vitaminen, Mineralstoffen und sekundären Pflanzenstoffen.
- Die Kost ist überwiegend ovo-lakto-vegetabil. Durch den geringen Fleischverzehr werden weniger tierische Fette, Cholesterin sowie Purine zugeführt.

? *Verbindungen der Kieselsäure genießen in der Ernährung der Anthroposophen eine besondere Wertschätzung. Das Getreide soll eine typische Kieselpflanze sein. Hat das seine Berechtigung?*

Die Kieselsäure entsteht chemisch aus Kieselstein (lat. Silicium), das zweithäufigste Element der Erdkruste. Seine Salze bilden die Hauptmasse der Gesteine.

Anthroposophen behaupten, das Bindegewebe sei eines der kieselreichsten Organe des Menschen. Störungen im „Kieselorganismus" würden z. B. zu Haltungsschäden, Brüchigkeit der Nägel, Stumpfwerden der Haare, mangelhafter Reaktionsfähigkeit der Haut und ein Überschuß an Kieselsäure zu Wahrnehmungsstörungen, Schwindel, Schläfrigkeit oder Gelenkschmerzen führen. Getreide als typische Kieselpflanze könne dies verhindern bzw. beheben und den menschlichen „Kieselorganismus" in gesunder Weise aktivieren.

Wissenschaftliche Belege über die Bedeutung der Kieselsäure für den Menschen, ihren Bedarf und mögliche Folgen eines Mangels bzw. Überschusses liegen bislang nicht vor.

? *Ein Zuviel an tierischem Eiweiß soll aufgrund unverdauter Eiweißreste im Sinne einer Sklerose toxisch wirken. Stimmt das?*

Erstens gibt es keine unverdauten Eiweißreste und zweitens gibt es auch keinen Zusammenhang zwischen Nahrungseiweiß und Sklerose. Der Gesunde hat keinen Schaden durch tierisches Eiweiß zu befürchten. Es sind eher die Begleitsubstanzen Fett, Cholesterin und Purine in tierischen Lebensmitteln, die, in zu großen Mengen genossen und bei entsprechender Veranlagung, der Gesundheit schaden können.

FAZIT:

Die Vorstellungen von ätherischen Bildekräften, die über die Nahrungsaufnahme den menschlichen Ätherleib aktivieren oder die Gedankenbildung durch den Verzehr bestimmter Lebensmittel beeinflussen, sind naturwissenschaftlich nicht nachvollziehbar. Bei ausgewogener Lebensmittelauswahl ist aber die Ernährung nach anthroposophischen Empfehlungen als Dauerkost geeignet.

Makrobiotik

Ursprung

Vor etwa 5000 Jahren: Im Zen-Buddhismus (Religion) und Taoismus (chinesische Volksreligion) erste Überlegungen, wie man ein langes Leben, Gesundheit, Harmonie und Glück erreichen kann (vor etwa 5000 Jahren)

1892–1966: Moderne Aufarbeitung und internationale Verbreitung durch George Ohsawa (japanischer Philosoph), anschließend zeitgemäße Formulierung durch Michio Kushi (1892–1966)

Grundlagen

Der Begriff Makrobiotik leitet sich aus dem Griechischen ab und bedeutet langes (makros) Leben (bios). Die makrobiotische Ernährung ist Teil eines ganzheitlichen Lebenskonzeptes, das auf einer Weltanschauung beruht, die vom Zen-Buddhismus und Taoismus geprägt ist. Sie gründet sich auf alte chinesische Ernährungstraditionen, die in den Zen-Klöstern praktiziert wurden. Wer makrobiotisch ißt und lebt, soll seelische und geistige Ausgeglichenheit, Frieden, Glück, Gesundheit und ein langes Leben ernten, allen Krankheiten, einschließlich Krebs, vorbeugen bzw. sie heilen.

Voraussetzung dafür ist das Gleichgewicht zwischen Yin und Yang (nach Ohsawa und Kushi). Es sind entgegengesetzte Kräfte des Universums, die auch im Menschen und in der Nahrung wirken. Sie ziehen sich an und ergänzen sich, so wie Tag und Nacht, Himmel und Erde, Tier und Pflanze.

Yin ist die sich ausdehnende Kraft, die bestimmt, daß der Körper wächst und Energie speichert. Yin-starker Grundstoff in der Nahrung ist z. B. Kalium. Yin ist alles Leichte, Dünne, Kalte, Dunkle, Feuchte, Äußere und Pflanzliche.

Yang ist „die sich zusammenziehende Kraft", die bestimmt, wie der Körper wachsen soll.

Einer der Yang-starken Grundstoffe ist das Natrium. Yang ist alles Schwere, Dicke, Warme, Helle, Trockene, Innere und Tierische.

Nach der makrobiotischen Philosophie ergänzen sich Yin und Yang zu einem dynamischen Gleichgewicht – so wie 1 Mol Natrium (Yang) zu 5 Mol Kalium (Yin) im menschlichen Organismus, wenn er leistungsfähig ist. Getreide entspricht diesem mineralischen Yin-Yang-Verhältnis und sollte deshalb Hauptbestandteil jeder Mahlzeit sein. Es wird ergänzt durch solche Lebensmittel, die diesem Gleichgewicht am nächsten sind.

Durch die gezielte Auswahl der Lebensmittel nach Yin und Yang und ihre spezielle Zubereitung können die Speisen „yangisiert" oder „yinisiert" und das persönliche Kräfteverhältnis ausgeglichen werden.

Lebensmittelauswahl

Ohsawa nahm eine Unterteilung der makrobiotischen Ernährung in zehn Koststufen vor:

Die „zehn Wege durch Gesundheit zum Frieden" der makrobiotischen Ernährunglehre

Nr.	Vollgetreide	Gemüse	Suppe	tierisches Eiweiß	Salate Früchte	Süßspeisen	Getränke Flüssigkeiten
7	100 %	–	–	–	–	–	so wenig wie zur Erhaltung des Stoffwechsels notwendig ist
6	90 %	10 %	–	–	–	–	
5	80 %	20 %	–	–	–	–	
4	70 %	20 %	10 %	–	–	–	
3	60 %	30 %	10 %	–	–	–	
2	50 %	30 %	10 %	10 %	–	–	
1	40 %	30 %	10 %	20 %	–	–	
–1	30 %	30 %	10 %	20 %	–	–	
–2	20 %	30 %	10 %	25 %	10 %	5 %	
–3	10 %	30 %	10 %	30 %	15 %	5 %	

Quelle: J. Clausnitzer: Wegweiser in die Makrobiotik nach Prof. Ohsawa, Drei Eichen Verlag, Engelberg/Schweiz und München (1979)

Stufe 7: Der ausschließliche Verzehr von Getreide gilt als Heil- und Übergangsnahrung. Bei der Umstellung von der „üblichen" auf die makrobiotische Ernährung sollte mit der Stufe 7, dem Getreide- oder Cerealfasten, begonnen werden. Nach einigen Tagen bis Wochen kann zu den unteren Stufen übergegangen werden. Empfehlenswerter Rahmen: Stufe 6 bis –3.

In manchen Literaturquellen wird irrtümlicherweise eine umgekehrte Vorgehensweise, also von den unteren Stufen nach Stufe 7 empfohlen – eine lebensgefährliche Variante.

Stufe 6 bis –3: Schrittweise wird der Speiseplan bereichert durch Bohnen, heimisches Gemüse (bevorzugt warm), Meeresgemüse, weißfleischigen Fisch und Meeresfrüchte, heimisches Obst (bevorzugt als Kompott oder Trockenfrüchte), Nüsse und Samen sowie spezielle Soßen, Gewürze, Würzmittel, Garnituren, Süßungsmittel, eingelegtes Gemüse (Pickles) und eingelegtes Obst (z. B. Umeboshi-Pflaumen).

In den neueren Veröffentlichungen von Kushi wird die Einteilung in zehn Stufen nicht mehr vorgenommen. Vielmehr werden hier nur allgemeine Empfehlungen gegeben.

Die makrobiotische Kost nach Kushi ist überwiegend pflanzlich mit dem Schwerpunkt auf Getreide, insbesondere Reis, und Gemüse. Sie enthält:

- **hauptsächlich (täglich)**

  Getreide und dessen Produkte (50–60 %),

  Suppen (5–10 % bzw. 1–2 kleine Schalen),

  frisches, heimisches Gemüse (25–30 %),

  Hülsenfrüchte, Bohnenprodukte und Meeresgemüse (10 %)
- **zusätzliche Lebensmittel (mehrmals pro Woche oder täglich in kleinen Mengen)**

  fettarmer Fisch mit weißem Fleisch (1–2 mal pro Woche),

  Früchte und Samen (3–4 mal pro Woche),

  Samen und Nüsse (mehrmals pro Woche bis zu 1 1/2 Tassen leicht gerösteten Samen und 1/2 bis 1 Tasse leicht geröstete Nüsse)

Grundsätzliches:

1. Vollkorn-Getreide, insbesondere Reis, gehört zu jeder Mahlzeit.
2. Gekochtes Gemüse und gedämpftes Obst oder Trockenfrüchte sind besser als rohes. („Wer sich bester Gesundheit erfreut, kann allerdings auch mehrmals pro Woche Rohkost zu sich nehmen.")
3. Frisches, heimisches Gemüse und Obst aus anerkannt ökologischem Anbau bevorzugen (kein Tiefkühl- oder Dosengemüse, keine tropischen Früchte).
4. Milch, Milchprodukte, Säugetierfleisch, Geflügel, tropisches Obst und Gemüse, Auszugsmehl und daraus hergestellte Produkte, Zucker, Honig, Süßstoffe, Konserven, Tiefkühlprodukte, Kaffee und Tee meiden.
5. Nur essen, wenn man Hunger und trinken, wenn man Durst hat.

Ernährungswissenschaftliche Beurteilung der makrobiotischen Kost nach Ohsawa

- Die oberen Koststufen (Stufe 7 bis 3) der makrobiotischen Ernährung nach Ohsawa sind als Dauerkost keinesfalls geeignet. Das Einhalten dieser Koststufen bedeutet eine Gesundheitsgefährdung. Die extrem einseitige Lebensmittelauswahl führt zu einem schweren Nährstoffmangel, der vor allem für Säuglinge und Kinder lebensgefährlich sein kann.
- Die unteren Koststufen (2 bis –3) stellen zwar eine Erweiterung des Speiseplanes dar, trotzdem kann es bei einseitiger Lebensmittelauswahl zur Unterversorgung mit Vitamin C, Folsäure, Eisen und Calcium kommen. Ein akutes Gesundheitsrisiko besteht allerdings nicht mehr.
- Der Anspruch, sämtliche Krankheiten einschließlich Krebs zu heilen, ist unhaltbar und unverantwortlich. Besonders gefährlich ist, daß Ohsawa von ärztlicher Behandlung abrät.
- Untersuchungen von makrobiotisch ernährten Kindern im Alter von 0 bis 10 Jahren zeigten eine Hemmung des Wachstums bereits bei Kindern ab dem 6. Lebensmonat.

Widerlegung einiger falscher Behauptungen der Makrobiotik nach Ohsawa

So wenig wie möglich trinken.	Das kann zu Kreislauf- und Nierenversagen und im Extremfall sogar zum Tod führen (DGE-Empfehlung: 1 1/2 Liter Getränke pro Tag).
Hohe Salzmengen sind ungefährlich.	Zuviel Salz kann die Entstehung von Bluthochdruck und Herz-Kreislauferkrankungen begünstigen. Geringe Flüssigkeitszufuhr und hohe Salzmengen können lebensgefährlich sein.
Der Körper kann Vitamin C selbst herstellen.	Das ist beim Menschen nicht möglich. Es muß mit der Nahrung zugeführt werden.
Der Körper kann chemische Elemente ineinander überführen (Transmutation).	Das ist unmöglich.
Der Verzehr von geröstetem Reis vertreibt Parasiten.	Das ist unmöglich.
Der Verzehr schimmeliger Lebensmittel ist günstig.	Keinesfalls, sie enthalten Pilzgifte, die sehr toxisch sein können.

Ernährungswissenschaftliche Beurteilung der makrobiotischen Kost nach Kushi

- Werden bei der Makrobiotik nach Kushi die Lebensmittel nicht sorgfältig ausgewählt, besteht die Gefahr einer Nährstoffunterversorgung. Dies gilt vor allem für Personen mit erhöhtem Nährstoffbedarf wie Säuglinge, Kinder, Schwangere, Stillende sowie auch für ältere Menschen.
- Untersuchungen von makrobiotisch ernährten Kindern im Alter von 0 bis 10 Jahren zeigten eine Hemmung des Wachstums bereits bei Kindern ab dem 6. Lebensmonat.
- Der hohe Getreideanteil in der Kost und der bevorzugte Verzehr von Vollkornprodukten wirkt sich positiv auf die Kohlenhydrat- bzw. Stärke- und Ballaststoffzufuhr aus.
- Milch und Milchprodukte sollen gemieden werden. Diese sind aber wichtige Quellen für hochwertiges Eiweiß, Calcium und Vitamin B_{12}.
- Gekochtes Gemüse, gedämpftes oder getrocknetes Obst werden bevorzugt. Rohes Obst und Gemüse sind aber eine gute Quelle für die antioxidativen Vitamine C und Beta-Carotin, sekundäre Pflanzenstoffe, wichtige Mineralstoffe und Ballaststoffe. Beim Garprozeß wird der Gehalt an hitzeempfindlichen Vitaminen in Gemüse und Obst gemindert.
- Obst wird nur gelegentlich empfohlen. Es würde zuwenig Nährstoffe und zuviel Wasser enthalten und zu stark Yin sein. Obst ist aber ein wichtiger Vitamin- und Mineralstoff-Lieferant und sollte täglich gegessen werden.

? In der Makrobiotik wird die Verwendung von Meersalz anstelle des üblichen Salzes empfohlen. Ist der Jodgehalt im Meersalz höher als im handelsüblichen Jodsalz?

Da der Jodgehalt im Meersalz starken Schwankungen unterliegt, ist es sicherer, für eine optimale Jodversorgung Jodsalz zu verwenden.

? Oshawa empfiehlt für Säuglinge „Kokkoh" als vollwertigen Ersatz für Muttermilch. Kann man Kinder bedenkenlos damit ernähren?

Auf gar keinen Fall! Kokkoh ist ein Getränk aus gerösteten, gemahlenen und gekochten Getreidekörnern, Sojabohnen und Sesamsamen. Es enthält keinesfalls alle Nährstoffe, die ein Kind benötigt. Kinder, die nicht gestillt werden, sollten daher unbedingt industriell hergestellte Säuglingsnahrung bekommen.

FAZIT:

Die ursprüngliche Makrobiotik nach Oshawa ist als Dauerkost nicht geeignet. Zahlreiche Aussagen sind falsch und wissenschaftlich nicht nachvollziehbar.

Mit der Makrobiotik nach Kushi ist auch bei sorgfältiger Lebensmittelauswahl eine vollwertige Ernährung nur eingeschränkt möglich.

Ayurveda

Ursprung

3000 bis 5000 Jahre alte indische Naturheilkunde

Neuformulierung von Maharishi Mahesh Yogi (Begründer der Transzendentalen Meditation)

Grundlagen

Der Ayurveda ist die Wissenschaft (veda = vollständiges Wissen) vom langen und gesunden Leben (ayus = Lebensspanne), das man angeblich durch Aufrechterhaltung bzw. Wiederherstellung des Gleichgewichts von Körper, Geist und Seele (= Einheit) erreichen kann. Ganzheitliche Methoden wie Meditation, Musik-, Farb- und Aromatherapie sowie die Stärkung und Heilung des Körpers mit Lebensmitteln sollen dazu beitragen. Ziel des Ayurveda: Die Gesundheit des Gesunden zu schützen und die Erkrankung des Kranken zu behandeln.

Einheitliche Ernährungsregeln gibt es bei Ayurveda nicht. Innere Wahrnehmung und Impulse des Menschen sind richtungsweisend für das individuelle Eßverhalten. Jeder kann im Prinzip das essen, was ihm gut tut und wonach ihm verlangt. „Schädliche" Eßwünsche würden nur dann entstehen, wenn die Körperenergien (Doshas) ins Ungleichgewicht geraten und dadurch das Gespür für die persönlichen Bedürfnisse verloren geht.

Doshas sind nach Ayurveda ganzheitliche, universelle Prinzipien, die Mensch und Natur durchdringen. Es sind Bioregulatoren, die alle Funktionen von

Körper und Geist steuern und die Natur des Menschen, seine konstitutionellen Anlagen, seine derzeitige körperliche und geistige Verfassung bestimmen.

Der Ayurveda unterscheidet drei Basis-Dosha-Typen: Vata, Pitta und Kapha. Jeder Mensch soll von Geburt an alle drei Doshas enthalten, jedoch in einem für jeden charakteristischen Verhältnis. Dieses ist nicht konstant und kann sich von Stunde zu Stunde ändern. Der Ayurveda lehrt, sich seinem momentan vorherrschenden Dosha entsprechend zu ernähren und die Doshas auszugleichen. Ein Ungleichgewicht könnte sonst zu Verdauungsstörungen, einer Ansammlung von Schlacken und Giftstoffen und letztendlich zu Krankheiten führen. Nur die vollständige Umwandlung der Nahrung verspricht körperliche, geistige und seelische Gesundheit.

Um herauszufinden, welcher Dosha gerade vorherrschend ist, beschreibt der Ayurveda charakteristische körperliche, geistige und emotionale Merkmale sowie typische Eß- und Trinkgewohnheiten der Dosha-Typen. Nicht nur dies, er gibt auch Empfehlungen an die Hand, wenn ein Dosha einmal aus der Balance gerät.

Lebensmittelauswahl

Geschmack, physikalische und thermische Eigenschaften eines Lebensmittels haben nach ayurvedischer Auffassung eine besondere therapeutische Wirkung. Sie gleichen die Doshas aus, regen Verdauung und Stoffwechsel an oder hemmen diese.

Eine gute Verdauung (Agni) und vollständige Umwandlung der Nahrung in feinste Essenz (Ojas) sollen Voraussetzung für Wohlbefinden, starke Abwehrkräfte, Vitalität und Zufriedenheit sein. Bei geschwächter Verdauung kommt es angeblich zu Blähungen, Völlegefühl, Aufstoßen, Müdigkeit, Heißhungeranfällen und Bildung von „Ama". Ama ist die Bezeichnung für Schlackenstoffe, Körpergifte und unverdaute Nahrung, die fast bei jeder Krankheit vermehrt im Körper zu finden sein sollen.

Der Ayurveda unterscheidet sechs Geschmacksrichtungen (Rasas): süß, sauer, salzig, scharf, bitter und herb sowie sechs physikalische bzw. thermische Eigenschaften (Gunas): leicht, schwer, trocken, ölig, kalt und heiß.

Verlangt der Körper nach einem bestimmten „Rasa" oder „Guna", sei das ein Zeichen für körperlich-seelisches Ungleichgewicht. Idealerweise sollten in einer Mahlzeit Lebensmittel aller „Doshas", „Rasas" und „Gunas" ausgewogen vertreten sein.

Nach ayurvedischem Denken durchdringen den Menschen nicht nur drei Doshas, sondern auch drei verschiedene Impulse. Sie heißen: Tamas, Rajas und Sattva.

Tamas steht für Trägheit, während Rajas zum Handeln treibt. Sattva entspricht dem Wunsch nach Fortentwicklung und schöpferischem Handeln. Es soll die Quelle für Reinheit, Tugend, Wahrhaftigkeit, Toleranz, Großzügigkeit, Liebe und Offenheit sein. Es schafft Zufriedenheit, Ausgeglichenheit, Selbstvertrauen und Stärke. Sattva ist der Impuls, der ein schönes, harmonisches, gesundes und glückliches Leben anstrebt. Seine Stärkung ist das Ziel des Ayurveda und kann durch Bevorzugung sattvischer Nahrung bewirkt werden.

Sattvische Nahrung enthält alle sechs Geschmacksrichtungen, ist leicht verdaulich und überwiegend lakto-vegetabil. Sie wird immer frisch zubereitet. Die Lebensmittel sind möglichst naturbelassen und aus anerkannt ökologischer Erzeugung.

Komponenten eines ayurvedischen Menüs

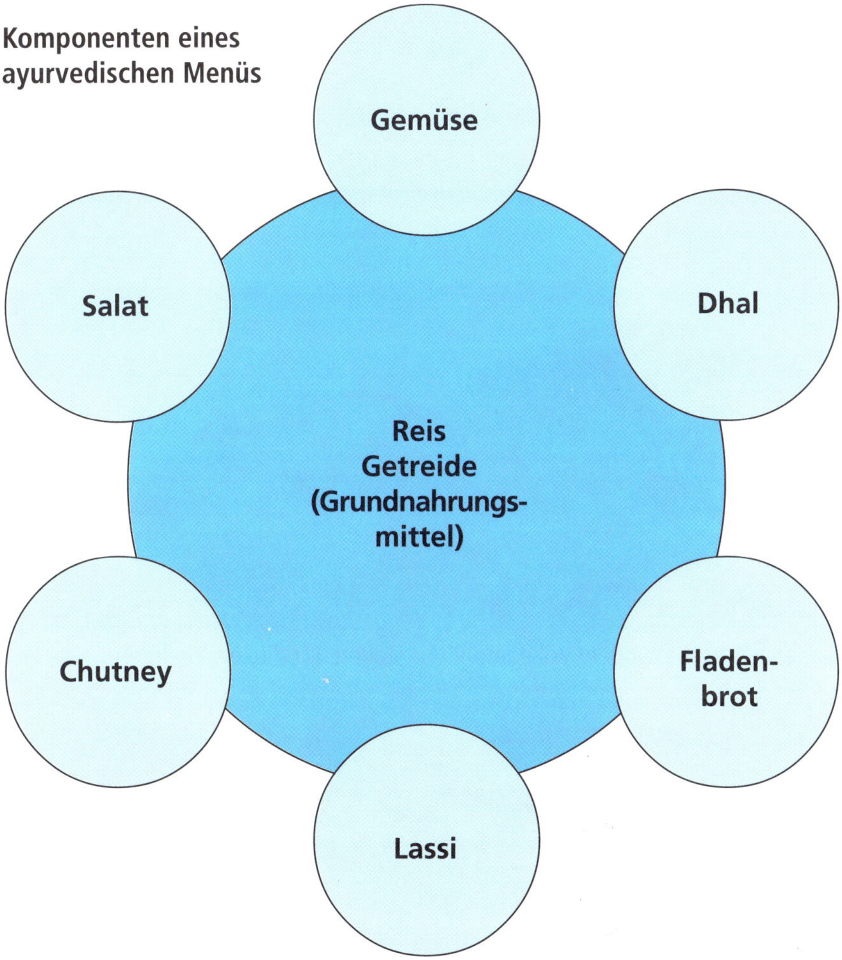

Quelle: nach E. Schrott: Die köstliche Küche des Ayurveda, Mosaik Verlag (1995), S. 9

Zu den sattvischen Lebensmitteln gehören: Reis und anderes Getreide aus vollem Korn, frisches Gemüse und Blattgemüse, Mungobohnen und Linsen, Mandeln, Nüsse, süße, reife Früchte, frische Säfte, Milch, Ghee (Butterschmalz) und Honig.

Milch ist übrigens ein wichtiges Lebensmittel in der ayurvedischen Ernährung, vor allem in Phasen des körperlichen, geistigen und spirituellen Wachstums.

Das ayurvedische Menü bietet etwas für jeden Dosha und Geschmack. Je nach Dosha soll man impulsiv von dem einen Lebensmittel mehr und von dem anderen weniger essen. Mit Gewürzen und speziellen Gewürzmischungen (Churnas) für jeden Dosha sei es außerdem möglich, das Essen nach Bedarf abzuschmecken.

Im Mittelpunkt der Speisen steht das Getreide, insbesondere Reis. Reis soll die Doshas ausgleichen und in besonderem Maße „Sattva" fördern. Gedünstetes Gemüse, Salat, Fladenbrot (Chapatis), Chutney (Soßen und Dips), Dhal (Püree und Suppen aus Hülsenfrüchten), Lassi (Joghurtgetränk) und Obst (als Vor- oder Nachspeise) runden das Menü ab.

Ernährungswissenschaftliche Beurteilung

- Die Kost ist überwiegend lakto-vegetabil. Das hat gesundheitliche Vorteile für Herz und Kreislauf und kann der Entstehung ernährungsmitbedingter Krankheiten vorbeugen. Vollkorngetreide ist Hauptbestandteil einer jeden

Mahlzeit. Es ist eine gute Quelle für Stärke, Ballaststoffe, Eiweiß, ungesättigte Fettsäuren, B-Vitamine, Folsäure, Eisen und Magnesium.

- Hülsenfrüchte haben einen hohen Stellenwert in der ayurvedischen Küche und gehören in kleinen Mengen (z. B. als Püree) zu jeder Mahlzeit. In Kombination mit Getreide liefern sie hochwertiges Eiweiß und können eine Fleischmahlzeit ersetzen. Hülsenfrüchte enthalten außerdem bedeutende Mengen Stärke, Ballaststoffe, B-Vitamine, Folsäure, Calcium, Eisen, Selen und Magnesium.
- Zum oder nach dem Mittagessen gibt es ein Joghurtgetränk. Das ist günstig für die Versorgung mit Calcium.
- Zum Abendessen werden leichtverdauliche Speisen empfohlen. Tierisches Eiweiß in Form von „schwerverdaulichem" Käse (z. B. Emmentaler, Schweizer), Quark, Joghurt, Fisch, Fleisch oder Eiern gehören nicht dazu. Diese Lebensmittel sollen zu Fäulnis im Verdauungstrakt und langfristig zu erheblichen Gesundheitsstörungen führen. Milch und Milchspeisen sind davon ausgenommen. Diese Theorie ist physiologisch nicht nachvollziehbar. Die Verdaulichkeit einer Speise hat nichts mit Fäulnis und Gärung von tierischem Eiweiß zu tun, sondern mit dem Gehalt an Fett und blähenden Substanzen (z. B. Ballaststoffe und Oligosaccharide). Außerdem fault Eiweiß nicht im Körper.

? *Gibt es wirklich einen Zusammenhang zwischen Milchunverträglichkeit und Milchqualität?*

Der Ayurveda behauptet, Ursache für die Milchunverträglichkeit sei eine gestörte Verdauungskraft, die zu Fehlverdauung und Ansammlung von „Ama" führt. Qualitätsverluste der Milch und ihre falsche Kombination mit anderen Speisen seien u. a. dafür verantwortlich. Milch dürfe nie mit Salz oder zu salzigen oder sauren Speisen getrunken werden. Pasteurisieren und Homogenisieren würde die Bildung schädlicher Verdauungsgifte fördern. Außerdem käme es durch Umweltrückstände und die unnatürliche Haltung der Kühe zusätzlich zu Qualitätsverlusten. Diese Theorien sind unhaltbar. Milchunverträglichkeit beruht überwiegend auf einem individuellen Mangel des Enzyms Laktase, das für den Abbau von Milchzucker erforderlich ist. Diese Milchunverträglichkeit (Laktoseintoleranz) ist nicht zu verwechseln mit einer Milcheiweißallergie, die immunologisch, genetisch bedingt ist und selten vorkommt.

FAZIT:

Die Ayurvedische Kost kann als Dauerkost geeignet sein, wenn täglich genügend frisches Obst und Gemüse verzehrt werden.

Philosophische Hintergründe, einzelne Ernährungsempfehlungen und Aussagen sind naturwissenschaftlich nicht nachvollziehbar.

Richtig essen – die Rezepte

In den vorangegangenen Kapiteln haben Sie erfahren, wie Sie eine vollwertige Ernährung gestalten können. Mit Hilfe unserer Informationen können Sie nun in Sachen „Ernährung" stets kompetent mitdiskutieren und falsche Aussagen auf diesem Gebiet „entlarven".

Zu einem Buch, das Ihnen das „Richtige Essen" nahebringen will, gehört jedoch mehr als Theorie. Deshalb finden Sie auf den folgenden Seiten von uns erprobte Rezepte, die Ihnen auch den praktischen Einstieg in unsere vollwertige Kost erleichtern.

Vielleicht vermissen Sie hierbei mehr Rezepte mit Fleisch oder Fisch, die ja bei der vollwertigen Kost durchaus ihre Berechtigung haben. Wir sind jedoch davon ausgegangen, daß derartige Gerichte in großer Vielfalt bereits in jedem Haushalt bekannt sind. Unser Ziel ist es, Ihnen neue, nicht alltägliche Rezepte vorzustellen. Auch ohne Fleisch und Fisch ist es möglich, ein kulinarisch interessantes Gericht auf den Tisch zu bringen – ausprobieren lohnt sich. Die Rezepte sind, wenn nicht anders vermerkt, für zwei Personen gedacht. Hauptgerichte eignen sich, bei entsprechender Reduzierung der Menge, durchaus auch als Beilage oder als Vor- oder Nachspeise. Einige Tips geben Ihnen die Möglichkeit, die Rezepte weiter zu variieren.

Rezepte in alphabetischer Reihenfolge

Abkürzungen: Bd. = Bund, Bst. = Ballaststoffe, E = Eiweiß, EL = Eßlöffel, F = Fett, F. i. Tr. = Fett in der Trockenmasse, g = Gramm, geh. = gehäuft, kcal = Kilokalorien, KH = Kohlenhydrate, kJ = Kilojoule, KL = Kaffeelöffel, l = Liter, ml = Milliliter, Pck. = Päckchen, Pr. = Prise, Sch. = Scheibe, – = Nährstoff ist nur in Spuren vorhanden

Frühstücks- und Snack-Ideen

Frischkornmüsli

Zutaten für 1 Portion

3-4 EL Weizen, geschrotet, 40 g
3 EL Buttermilch, 45 ml
3 EL Milch (1,5 % Fett), 45 ml
1 Apfel, 150 g, oder anderes Obst
1 EL gehackte Haselnüsse, 10 g
1 KL Honig, 10 g

Das geschrotete Getreide mit der Buttermilch zu einem dicken Brei verrühren und über Nacht im Kühlschrank quellen lassen.
Am nächsten Tag die Milch unterrühren. Den Apfel waschen, schälen, klein schneiden und mit den übrigen Zutaten daruntermischen.

Pro Portion: 330 kcal, 1385 kJ, 9 g E, 9 g F, 53 g KH, 8 g Bst.

Früchtemüsli

Zutaten für 1 Portion

1/2 Apfel, 60 g
1/2 Apfelsine, 75 g
1/4 Banane, 50 g
3 EL grobe Haferflocken, 30 g
5 Haselnüsse, 5 g
1 EL Rosinen, 20 g
1 KL gerösteter Sesamsamen, 5 g
1/2Becher Joghurt (1,5 % Fett), 75 g
1/8 l fettarme Milch (1,5 % Fett)

Obst schälen und klein schneiden. Haferflocken, blättrig geschnittene Haselnüsse und Rosinen untermischen und in eine Schale geben. Joghurt mit der Milch verrühren und darüber gießen, Sesamsamen darüber streuen.

Pro Portion: 410 kcal, 1720 kJ, 14 g E, 12 g F, 61 g KH, 6 g Bst.

Jahreszeitenmüsli

Zutaten für 1 Portion
4-5 EL Getreideflocken, 45 g
1 Portion kleingeschnittenes Obst nach Jahreszeit, 100 g
1 Becher Joghurt (1,5 % Fett), 150 g
1 EL Leinsamen, 10 g
einige Tropfen Zitronensaft

Alle Zutaten miteinander mischen.

Pro Portion: 325 kcal, 1365 kJ, 14 g E, 9 g F, 45 g KH, 8 g Bst.

Brotaufstriche zum Selbermachen

Kräuterquark

Zutaten für 1 Portion
1 1/2 - 2 1/2 EL Speisequark (Magerstufe), 50 g
1 KL Milch (1,5 % Fett), 5 ml
2 EL frische Kräuter, 10 g
Pfeffer, Jodsalz

Quark mit Milch, Pfeffer und Jodsalz glattrühren, klein gehackte Kräuter dazugeben.

Pro Portion: 40 kcal, 175 kJ, 7 g E, – g F, 2 g KH, – g Bst.

Apfelquark

Zutaten für 1 Portion
3-4 EL Speisequark (Magerstufe), 100 g
2 KL Milch (1,5 % Fett), 10 ml
1/2 säuerlicher Apfel, 60 g
1 Pr. Zucker

Einen halben Apfel schälen, fein reiben, mit dem Quark und der Milch verrühren und mit dem Zucker abschmecken.

Pro Portion: 120 kcal, 495 kJ, 14 g E, 1 g F, 13 g KH, 1 g Bst.

Probieren Sie auch einmal die große Auswahl vegetarischer Brotaufstriche, die es fertig zu kaufen gibt.

TIP

Für den Arbeitsplatz

Knackig frisch und sättigend ist ein „doppeltes" Vollkornbrot oder -brötchen, das Sie mit einer Scheibe fettarmem Käse oder fettarmer Wurst, Tomaten- oder Gurkenscheiben und einem Salatblatt belegen.

Als alternativer Brotbelag eignen sich auch Apfel- oder Bananenscheiben, frische gehackte Kräuter, vegetarische Pasten, geräucherter oder marinierter Fisch, Fischkonserven oder Eischeiben. Zum Brot schmecken roher Paprika, Tomaten, Radieschen, Möhren, Kohlrabi oder Gurken.

Gemüse-, Nudel-, Kartoffel-, Reis- oder andere Getreidesalate eignen sich gut als kleine Mahlzeit am Arbeitsplatz. Wenn morgens die Zeit zu knapp ist, können Sie die Salate schon am Abend vorbereiten und in einer Frischhaltedose im Kühlschrank aufbewahren.

Kalte Vorspeisen

Tomatengelee mit Basilikumsoße

Zutaten für 2 Portionen
2 große Tomaten, 200 g
1 Tasse Gemüsebrühe, 125 ml
5 Blatt Gelatine, 10 g
4 EL Sahne (30 % Fett), 60 ml
4 EL Milch (1,5 % Fett), 60 ml
Pfeffer, Zitronensaft, Jodsalz
junge Möhren,
grüne Bohnen (Garnitur)

Basilikumsoße

1 frisches Eigelb,
6 EL Gemüsebrühe, 75 ml
1/2 Bd. Basilikum

Tomaten kreuzweise einschneiden, kurz in kochendes Wasser tauchen, enthäuten und ohne Fruchtansatz mit Gemüsebrühe und Sahne im Mixer pürieren, mit Pfeffer, Zitronensaft und Jodsalz abschmecken. Aufgelöste Gelatine dazugeben, in Förmchen füllen und kalt stellen, bis das Püree fest geworden ist. Möhren und Bohnen garen. Geriebene Basilikumblätter mit Eigelb und Brühe auf der warmen Herdplatte schaumig rühren, dann auskühlen lassen. Tomatengelee stürzen, mit der Basilikumsoße übergießen und mit dem Gemüse garnieren.

Pro Portion: 180 kcal, 755 kJ, 9 g E, 14 g F, 5 g KH, 1 g Bst.

Feldsalat mit gebratenen Austernpilzen

Zutaten für 2 Portionen
125 g Feldsalat
Weinessig, Jodsalz, Pfeffer
1 EL Öl, 10 g
1 Zwiebel, 60 g
1 EL Öl, 10 g
150 g Austernpilze

Feldsalat putzen, waschen, mit Essig, Öl, Jodsalz und Pfeffer anmachen. Zwiebel schälen, klein hacken und im Öl glasig dünsten. Die Pilze vorbereiten und dazugeben, kurz bei großer Hitze anbraten und zusammen mit dem Salat auf einem Teller servieren. Dazu passt: Vollkornbaguette.

Pro Portion: 115 kcal, 475 kJ, 3 g E, 10 g F, 2 g KH, 6 g Bst.

Champignonsalat „exotisch"

Zutaten für 2 Portionen
200 g frische Champignons
1 kleine Banane, 90 g
4 Pfirsichhälften (Dose), 200 g
1 kräftige Pr. Curry
1 Pr. Jodsalz
2 EL Sahne (30 % Fett), 30 ml
Zitronensaft nach Geschmack
2 EL Mandelstifte, 20 g
1 KL Butter, 5 g

Champignons waschen, putzen und in feine Blättchen schneiden. Banane in dünne Spalten schneiden und Pfirsichhälften klein würfeln. Aus den übrigen Zutaten eine Soße bereiten und unter den Salat mischen. Im Kühlschrank zugedeckt ziehen lassen. Mandelstifte in der Butter rösten und darüber streuen.

Pro Portion: 235 kcal, 985 kJ, 6 g E, 13 g F, 24 g KH, 5 g Bst.

Mozzarella mit Tomaten und Basilikum

Zutaten für 2 Portionen
1 Pck. Mozzarella, 120 g
(oder Schafskäse)
4 große Tomaten, 400 g
1 Zweig Basilikum
2 Sch. Vollkornbrot, 100 g
Pfeffer

Mozzarella in Scheiben schneiden. Tomaten und Basilikum waschen. Tomaten in Scheiben schneiden, Basilikumblätter abzupfen. Die Vollkornbrotscheiben schuppenförmig mit Basilikumblättern, Tomaten- und Käsescheiben belegen, mit Pfeffer würzen und mit Basilikumblättern garnieren.

Pro Portion: 265 kcal, 1105 kJ, 17 g E, 11 g F, 24 g KH, 6 g Bst.

Gurkenkaltschale

Zutaten für 2 Portionen
1 Becher Joghurt
(1,5 % Fett), 150 g
3–4 EL Sahne
(30 % Fett), 50 ml
1/2 Salatgurke, 200 g
1 Schalotte, 10 g
Pfeffer, Dill, Jodsalz

Gurke waschen, schälen und bis auf einen kleinen Rest in Würfel schneiden. Im Mixer mit Joghurt, Sahne und Schalotte pürieren. Mit den Gewürzen und Jodsalz abschmecken. Restliches Gurkenstück in dünne Scheiben schneiden und mit den Dillzweigen als Garnitur auf die Suppe geben.

Pro Portion: 125 kcal, 525 kJ, 4 g E, 9 g F, 6 g KH, 1 g Bst.

Warme Vorspeisen

Brokkoli-Flan mit Riesling-Sabayon

Zutaten für 2 Portionen
125 g Brokkoli
1 Ei
2 EL Sahne (30 % Fett), 30 ml
2 EL Milch (1,5 % Fett), 30 ml
Pfeffer, Jodsalz
1 KL Butter oder Margarine, 5 g, zum Einfetten der Form
2 frische Eigelb
3–4 EL Weißwein (Riesling), 50 ml

Brokkoli vorbereiten und in gesalzenem Wasser garen, etwas abkühlen lassen. Zusammen mit Sahne, Milch, Ei, etwas Jodsalz und Pfeffer im Mixer pürieren. Kleine Auflaufförmchen einfetten und die Masse einfüllen. In eine größere Form heißes Wasser einfüllen, die Förm-chen hineinstellen und in diesem Wasserbad im Backofen bei 200 °C ca. 30 Minuten garen. Eigelb und Wein in eine Schüssel geben und im heißen Wasserbad so lange schlagen, bis eine dickliche Masse entsteht. Das Eigelb darf nicht zu heiß werden, damit es nicht gerinnt. Die Riesling-Sabayone erst kurz vor Ende der Garzeit des Flan zubereiten. Den fertigen Flan auf Teller stürzen und mit etwas Sabayone umgeben.

Pro Portion: 205 kcal, 865 kJ, 9 g E, 16 g F, 3 g KH, 1 g Bst.

Roggenklößchensuppe

Zutaten für 2 Portionen

4 EL Roggen, fein gemahlen, 40 g
1 Ei
Pfeffer, Muskat, Jodsalz
1/2 Bd. Petersilie
1 Zwiebel, 50 g
1 EL Öl, 10 g
1/2 l Gemüsebrühe
150 g Suppengemüse

Eier mit den Gewürzen und Jodsalz verquirlen. Mehl unter Rühren dazugeben und ca. 30 Minuten stehen lassen, bis eine dickliche Masse entsteht. Petersilie waschen, trockentupfen, klein hacken und unterrühren. Mit 2 nassen Kaffeelöffeln kleine Klößchen abstechen und in kochender Gemüsebrühe ca. 20–30 Minuten garziehen lassen (nicht sprudelnd kochen, sonst zerfallen die Klößchen).

Das Gemüse waschen, putzen und in feine Streifen schneiden. Zwiebel klein schneiden und in dem Öl goldbraun anbraten, das Gemüse hinzufügen, mit der Gemüsebrühe ablöschen und ca. 10 Minuten leicht köcheln lassen. Dann die Klößchen dazugeben.

Pro Portion: 195 kcal, 810 kJ, 9 g E, 9 g F, 18 g KH, 6 g Bst.

Beilagen

Einige Beilagen eignen sich bei doppelter Menge als Hauptgericht. Dazu passen Vorsuppen, Soßen, Salate und Gemüse (als Beilage oder klein geschnitten untergemischt).

Vollkornteigwaren

Zutaten für 2 Portionen

150 g Vollkornteigwaren (Rohgewicht)
reichlich klare Gemüsebrühe

Teigwaren 10–20 Minuten garen (s. Packung)

Pro Portion: 240 kcal, 1015 kJ, 10 g E, 2 g F, 46 g KH, 9 g Bst.

TIP: Vollkornteigwaren in Brühe statt in Wasser garen. Es schmeckt besser, und die Brühe eignet sich z. B. als Suppengrundlage. Auf diese Weise gehen die Mineralstoffe der Teigwaren, die in das Kochwasser übergehen, nicht verloren.

Naturreis

Zutaten für 2 Portionen

150 g Naturreis (Rohgewicht)
ca. 500 ml Gemüsebrühe
1 Lorbeerblatt

Reis unter fließendem Wasser waschen, in ca. 2 1/2facher Menge Gemüsebrühe kurz aufkochen und zugedeckt auf kleinster Stufe ca. 30 Minuten gar quellen lassen.

Pro Portion: 260 kcal, 1095 kJ, 5 g E, 2 g F, 56 g KH, 2 g Bst.

Getreidekörner

Alle Getreidearten eignen sich als Beilage anstelle von Reis oder Nudeln. Die Getreidekörner (mit Ausnahme von Buchweizen und Hirse) werden gewaschen, über Nacht im Kühlschrank in der zweieinhalb- bis dreifachen Menge Wasser oder Gemüsebrühe eingeweicht und dann in der Einweichflüssigkeit, je nach Getreideart, unterschiedlich lange bei geschlossenem Topf gegart.

Garzeiten:

Hirse, Buchweizen (heiß abgespült in die kochende Flüssigkeit geben)	15–20 Minuten
Gerste:	ca. 40 Minuten
Weizen, Dinkel, Grünkern, Hafer:	40–50 Minuten
Roggen:	ca. 90 Minuten

Garen im Dampfdrucktopf erfordert nur ca. 1/3 der Garzeit.

Die gegarten Körner eignen sich auch als Einlage in Suppen, Eintöpfe, Gemüse und Salate. Sie können größere Mengen auf einmal kochen und die gequollenen Körner portionsweise einfrieren.

Grünkernbratlinge

Zutaten für 2 Portionen
100 g Grünkernschrot (grob)
ca. 1/8 l Gemüsebrühe
1/2 Zwiebel, 50 g
1/2 kleine Stange Lauch, 50 g
1 EL Petersilie, 5 g
2 EL Öl, 20 g
1 Eigelb
Pfeffer, Muskat, evtl. Senf,
Basilikum, Oregano

Zwiebel klein schneiden und in wenig Öl leicht anbräunen.
Lauch putzen, waschen, klein schneiden, mit dem Grünkernschrot zu den Zwiebeln geben und kurz mit andünsten. Mit der Brühe ablöschen. Einige Minuten leicht köcheln und bei geschlossenem Deckel auf der abgeschalteten Herdplatte ca. 30 Minuten quellen lassen. Die Masse abkühlen lassen, Eigelb und Gewürze untermischen. Mit angefeuchteten Händen 6 Bratlinge formen und in der Pfanne in dem restlichen Öl 10 Minuten von beiden Seiten braten.

Pro Portion: 300 kcal, 1255 kJ, 8 g E, 15 g F, 34 g KH, 5 g Bst.

Kartoffel-Zucchini-Fritter

Zutaten für 2 Portionen
1 kleine Zucchini, 180 g
3 kleine Kartoffeln, 250 g
1 Ei
1 1/2 EL Öl, 15 g
Jodsalz, Pfeffer

Zucchini und Kartoffeln waschen, schälen und beides grob raspeln. Auf Küchenpapier ausbreiten, um die Flüssigkeit abzusaugen. Ei mit Jodsalz und Pfeffer verrühren und in einer Schüssel mit Kartoffeln und Zucchini vermischen. Öl in einer beschichteten Pfanne erhitzen und die Masse löffelweise darin knusprig braten.

Pro Portion: 195 kcal, 825 kJ, 7 g E, 11 g F, 17 g KH, 3 g Bst.

Hirsebratlinge

Zutaten für 2 Portionen
1 KL Margarine, 5 g
1 Zwiebel, 70 g
150 g Hirse (Rohgewicht)
600 ml Gemüsebrühe
1 Lorbeerblatt, Jodsalz, Pfeffer
1 Ei
1 Bd. Petersilie
1 Bd. Schnittlauch
2 EL Öl, 20 g
Majoran, Jodsalz

Margarine erhitzen und die gehackte Zwiebel darin glasig dünsten. Hirse heiß abspülen, gut abtropfen lassen, dazugeben und kurz mitdünsten. Dann mit Gemüsebrühe aufgießen, einmal aufkochen und zugedeckt bei niedriger Hitze ca. 20 Minuten gar quellen lassen. Die abgekühlte Hirse mit den fein gehackten Kräutern, den Gewürzen und dem Ei vermengen. Ca. 8 kleine Bratlinge formen und in heißem Öl von beiden Seiten goldbraun braten.

TIP: Für Hirsebratlinge mit Pfiff mischen Sie unter den Teig einige Linsenkeimlinge (s. S. 137).

Pro Portion: 435 kcal, 1830 kJ, 13 g E, 19 g F, 54 g KH, 4 g Bst.

Hirserisotto

Zutaten für 2 Portionen
1 kleine Zwiebel, 50 g
1 EL Öl, 10 g
120 g Hirse (Rohgewicht)
ca. 1/4 l Gemüsebrühe
1 Lorbeerblatt
Pfeffer, Jodsalz

Zwiebel klein schneiden und in Öl andünsten. Hirse dazugeben und kurz mitdünsten. Mit der Brühe ablöschen, das Lorbeerblatt zugeben und kurz

TIP:

Die Hälfte der Brühe durch Milch ersetzen oder ganz in Milch (pikant mit Brühwürfel) garen.

aufkochen lassen. Zugedeckt bei niedriger Hitze ca. 20–30 Minuten garquellen lassen.

Pro Portion: 265 kcal, 1115 kJ, 7 g E, 8 g F, 43 g KH, 3 g Bst.

Zucchini-Küchle

Zutaten für 2 Portionen

1 kleine Zwiebel, 40 g
1 KL Margarine, 5 g
1 kleine Zucchini, 200 g
50 g Greyerzer Käse
1 Ei
2 geh. EL Semmelbrösel, 20 g
1 EL Öl, 10 g

Klein gehackte Zwiebel in der Margarine anrösten. Zucchini in kleine Würfel schneiden, zu den Zwiebeln geben und kurz mitdünsten. Abkühlen lassen, mit dem Ei, fein geriebenem Käse und den Semmelbröseln vermischen. Mit dem Löffel Küchle portionsweise in der Pfanne ausbraten.

Pro Portion: 265 kcal, 1105 kJ, 14 g E, 19 g F, 10 g KH, 2 g Bst.

Gurkengemüse

Zutaten für 2 Portionen

1 Gurke, 400 g
2 EL Creme fraîche, 40 g
2 EL Dill, 10 g
Pfeffer, Jodsalz

Gurke schälen, halbieren, entkernen und klein schneiden. Mit Creme fraîche ca. 15 Minuten in geschlossenem Topf dünsten, vor dem Servieren mit Pfeffer, Dill und Jodsalz abschmecken.

Pro Portion: 95 kcal, 395 kJ, 1 g E, 8 g F, 3 g KH, 1 g Bst.

TIP:

Polenta-Grundmasse mit 3 EL geriebenem Käse, z. B. Greyerzer (45 % F. i. Tr.), 30 g, und 1 Ei vermischen. In eine Auflaufform mit gegartem, klein geschnittenem Gemüse schichten, mit Polenta abschließen. 3 EL geriebenen Käse (45 % F. i. Tr.), 30 g, darüberstreuen und bei 200 °C ca. 15 Minuten überbacken.

Polenta – Grundrezept

Zutaten für 2 Portionen

1 Tasse Maismehl, 100 g
3 Tassen Gemüsebrühe (ca. 1/2 l)
2 EL Butter oder Margarine, 20 g

Maismehl unter Rühren in die kochende Brühe geben. Butter oder Margarine hinzufügen und ca. 20–30 Minuten zugedeckt bei schwacher Hitze garen. Ab und zu umrühren, um ein Anhängen der Masse am Topf zu verhindern. Der Brei sollte dick und geschmeidig sein.

Pro Portion: 250 kcal, 1040 kJ, 5 g E, 10 g F, 34 g KH, 5 g Bst.

Pilzsoße

Zutaten für 2 Portionen

1 Zwiebel, 70 g
1 EL Butter oder Margarine, 10 g
300 g frische Champignons
1 EL Creme fraîche, 20 g
Pfeffer, Zitronensaft, Jodsalz

Zwiebel fein schneiden, in Butter oder Margarine glasig dünsten, Champignons klein schneiden und mit anbraten. Mit Creme fraîche verrühren, pfeffern, salzen und mit Zitronensaft würzen.

Pro Portion: 105 kcal, 450 kJ, 5 g E, 9 g F, 3 g KH, 4 g Bst.

Tomatensoße mit Basilikum

Zutaten für 2 Portionen

4 sehr reife Fleischtomaten, 400 g
2 zerdrückte Knoblauchzehen
1 KL Öl, 5 g
Pfeffer, Basilikum, Jodsalz
1 EL Creme fraîche, 20 g

Fleischtomaten kurz in kochendes Wasser tauchen, enthäuten und würfeln. Zusammen mit den zerdrückten Knoblauchzehen im Öl dünsten. Mit Jodsalz, Pfeffer, Creme fraîche abschmecken und mit frischem, tiefgefrorenem oder getrocknetem Basilikum bestreuen.

Pro Portion: 75 kcal, 325 kJ, 2 g E, 5 g F, 6 g KH, 2 g Bst.

Grünkern-Potpourri

Zutaten für 2 Portionen

100 g Grünkern
1 große Möhre, 100 g
1/2 kleiner Kopf Chinakohl, 80 g
2–3 EL Mais (Dose), 50 g
1 Pck. Tomatenpüree, 375 g
Pfeffer, Paprika, Basilikum, Oregano, Jodsalz

Grünkern im Dampfdrucktopf 10 Minuten quellen lassen (s. S. 120). Die geraspelten Möhren, das klein geschnittene Gemüse und das Tomatenpüree zugeben, würzen und 15 Minuten zugedeckt bei mittlerer Hitze fertig garen.

Pro Portion: 235 kcal, 980 kJ, 9 g E, 2 g Fett, 43 g KH, 7 g Bst.

Vegetarische Hauptgerichte

Minestrone

Zutaten für 2 Portionen
1 Zwiebel, 60 g
1 EL Öl, 10 g
1/2 Sellerieknolle, 250 g
1 Stange Lauch, 200 g
3 Möhren, 150 g
1/2 Blumenkohl, 250 g
50 g grüne Bohnen
1 l Gemüsebrühe
3 Kartoffeln, 180 g
Kräuterjodsalz, Pfeffer,
Knoblauch, Tomatenmark
60 g geriebener Käse
(Gouda, Parmesan)

Die klein geschnittene Zwiebel im Öl dünsten, das klein gewürfelte Gemüse hinzufügen und kurz weiter dünsten. Mit der Gemüsebrühe auffüllen und die geschälten, fein gewürfelten Kartoffeln dazugeben. Ca. 15 Minuten bei niedriger Hitze (nicht zu weich) garen. Mit den restlichen Zutaten abschmecken und mit dem geriebenen Käse bestreuen.

Pro Portion: 280 kcal, 1175 kJ, 16 g E, 13 g F, 24 g KH, 14 g Bst.

Möhren-Apfel-Küchle

Zutaten für 2 Portionen
4 große Möhren, 400 g
1 kleiner Apfel, 100 g
Saft einer Zitrone
4 EL Weizenvollkornmehl, 40 g
3 EL Gerstenschrot, 45 g
1 EL Honig, 20 g
2 Eier
Zimt nach Geschmack
2 EL Öl, 20 g

Möhren und Apfel schälen und raspeln. Mit den restlichen Zutaten vermengen und ca. 10 Minuten quellen lassen. Kleine flache Küchle formen und von beiden Seiten goldgelb backen.

Dazu paßt: frischer Obstsalat oder Obstkompott.

Pro Portion: 415 kcal, 1735 kJ, 14 g E, 18 g F, 48 g KH, 11 g Bst.

Gefüllte Kartoffel-Gersten-Rolle

Zutaten für 2 Portionen
4 Kartoffeln, 250 g
100 g Gerstenschrot
1 Eigelb, 20 g
1 KL Öl, 5 g
1 kleine Zwiebel, 40 g
Pfeffer, Muskat, Jodsalz

Füllung:
1 KL Öl, 5 g
2 Zwiebeln, 120 g
2 EL Petersilie, 20 g
250–300 g frische Champignons
2 EL Tomatenmark, 30 g
Pfeffer, Rosmarin, Jodsalz

Kartoffeln waschen, mit der Schale garen, pellen und stampfen. Die klein gewürfelte Zwiebel in Öl dünsten, den Gerstenschrot kurz mitdünsten und unter die abgekühlte Kartoffelmasse geben. Mit dem Eigelb, den Gewürzen und dem Jodsalz zu einem festen Teig verkneten und 1 Stunde in den Kühlschrank stellen.

Für die Füllung Zwiebeln klein schneiden und in Öl anbraten. Klein gehackte Petersilie, blättrig geschnittene Champignons und Tomatenmark dazugeben und mitdünsten. Den Kartoffelteig auf einer Klarsichtfolie ca. 1 cm dick ausrollen. Die Füllung darauf verteilen und mit Hilfe der Folie aufrollen. Im Backofen bei 200 °C 30 Minuten backen.

Dazu paßt: Tomatensoße mit Basilikum (s. S.123) und Salat nach Wahl.

Pro Portion: 360 kcal, 1520 kJ, 14 g E, 10 g F, 53 g KH, 12 g Bst.

Vollkornpfannkuchen

Zutaten für 2 Portionen
2 Eier
Jodsalz
6–7 EL Milch (1,5 % Fett), 100 ml
4 1/2 EL Vollkornmehl, 45 g
2 EL Öl, 20 g

Eier mit Jodsalz und Milch verrühren. Das Mehl langsam unter Rühren dazugeben. In heißem Öl dünne Pfannkuchen goldbraun ausbacken.

Dazu passen: süße und pikante Füllungen wie Beerenfrüchte, Blattspinat, Champignons oder Brokkoli.

Pro Portion: 270 kcal, 1120 kJ, 11 g E, 18 g F, 16 g KH, 2 g Bst.

Linseneintopf

Zutaten für 2 Portionen

100 g Linsen
1/2 l Wasser
100 g Suppengrün
2 Kartoffeln, 120 g
1 Zwiebel, 60 g
2 Möhren, 100 g
2–3 KL Essig, 10-15 ml
2 KL gekörnte Brühe, 10 g
Thymian, Pfeffer, Jodsalz
2 EL Creme fraîche, 40 g
frische, gehackte Petersilie

Linsen am Vorabend in 1/2 l Wasser einweichen. Mit dem Einweichwasser aufsetzen und einen 1/2 l Wasser dazugeben. Suppengrün, Kartoffeln, Zwiebeln und Möhren waschen, putzen und würfeln bzw. klein schneiden. Das Gemüse zu den Linsen geben und bei geringer Hitze ca. 50 Minuten garen. Mit Essig, gekörnter Brühe, den Gewürzen und Jodsalz abschmecken. In einen tiefen Teller geben und mit Creme fraîche und Petersilie garnieren.

Dazu paßt: Vollkornbrötchen.

Pro Portion: 305 kcal, 1270 kJ, 16 g E, 9 g F, 38 g KH, 10 g Bst.

Vollkornpizza

Zutaten für 2 Portionen

130 g Weizenvollkornschrot
50 g Weizenmehl (Type 1050)
1/2 Pck. Trockenhefe, 3,5 g
1/8 l Flüssigkeit
(halb Wasser, halb Milch)
1 Pr. Jodsalz und Zucker
1 1/2 EL Öl, 15 g
1 KL Butter oder Margarine, 5 g,
zum Einfetten der Springform

Belag:

1 Zwiebel, 50 g
1 Knoblauchzehe
1 KL Öl, 5 g
3 Fleischtomaten, 300 g
2 EL Tomatenmark, 30 g
100 g Champignons
1 Paprikaschote, 200 g
10 schwarze Oliven, 50 g
frisch gemahlener Pfeffer, Jodsalz,
je 1/2 Bund Oregano und Basilikum
80 g geriebener Käse (45 % F. i.Tr.),
z. B. Gouda

Schrot mit Hefe mischen, mit den übrigen Zutaten zu einem Teig kneten. Mit Mehl bestäuben und an einem warmen Ort zu doppelter Größe gehen lassen. Teig kneten, ausrollen und auf eine gefettete Springform (Ø 26 cm) verteilen. 15 Minuten gehen lassen. An einigen Stellen einstechen.

Für den Belag: Zwiebel schälen, in Würfel schneiden und zusammen mit dem gepreßten Knoblauch in Öl andünsten. Die Tomaten waschen, halbieren, entkernen und in Streifen schneiden und dazugeben. Kurz aufkochen und die Teigplatte damit bestreichen. Champignons und Paprika waschen, putzen und in Scheiben bzw. Streifen schneiden. Zusammen mit den Oliven auf der Teigplatte verteilen. Pfeffer und Jodsalz sowie gewaschene, fein gehackte Kräuter darüber streuen. Den Käse darauf verteilen und bei 200 °C ca. 40 Minuten backen.

Pro Portion: 625 kcal, 2610 kJ, 27 g E, 25 g F, 72 g KH, 14 g Bst.

Lauchtorte

Zutaten für 4 Portionen

Quark-Öl-Teig:
75 g Speisequark (Magerstufe)
2 EL Milch (1,5 % Fett), 30 ml
1 EL Öl, 10 g
1 KL Jodsalz
1 Ei
150 g Weizenvollkornmehl
oder Weizenmehl (Type 1050)
2 KL Backpulver, 10 g
1 KL Butter oder Margarine, 5 g,
zum Einfetten der Springform

Belag:
ca. 800 g Lauch
2 Eier
150 g saure Sahne (10 % Fett)
Pfeffer, Muskat, Curry, Jodsalz

Für den Boden die angegebenen Zutaten zu einem Knetteig verarbeiten und den Teig eine Stunde kühl stellen.

In der Zwischenzeit Lauch putzen, waschen und in 1–2 cm breite Röllchen schneiden. Das Öl in einem Gemüsetopf heiß werden lassen, Lauch darin bei geringer Hitze zugedeckt ca. 10 Minuten ohne Wasserzugabe dünsten, evtl. auf einem Sieb abtropfen lassen.
Teig ausrollen, in die gefettete Springform (Ø 26 cm) geben und Lauch darauf verteilen. Die Eier mit der sauren Sahne, den Gewürzen und dem Jodsalz verquirlen und über den Lauch gießen. Im vorgeheizten Backofen ca. 45 Minuten bei 200–220 °C backen.

Pro Portion: 305 kcal, 1280 kJ, 16 g E, 14 g F, 30 g KH, 6 g Bst.

Ratatouille

Zutaten für 2 Portionen
3 EL Öl, 30 g
1 große Zwiebel, 70 g
1 Knoblauchzehe
1 rote Paprikaschote, 150 g
1 grüne Paprikaschote, 150 g
2 Tomaten, 120 g
1 Aubergine, 250 g
1 Zucchini, 200 g
Pfeffer, Jodsalz, je 1/2 KL
Rosmarin und Basilikum

Öl in einem Bräter erhitzen. Die fein gehackte Zwiebel und Knoblauchzehe darin glasig werden lassen, ab und zu umrühren. Inzwischen Paprikaschoten halbieren, putzen und waschen. Tomaten kreuzweise einschneiden, mit kochendem Wasser übergießen und häuten, Stengelansätze vorher entfernen. Aubergine und Zucchini waschen und abtrocknen. Zucchini in dicke Scheiben schneiden. Aubergine und das übrige Gemüse grob würfeln. In den Bräter geben und kurze Zeit dünsten, dann würzen und salzen. Bräter zudecken und in den vorgeheizten Backofen stellen (untere Schiene). Den Eintopf bei 200 °C 35 Minuten backen.

Dazu paßt: Vollkornbaguette.

Pro Portion: 215 kcal, 900 kJ, 5 g E, 16 g F, 12 g KH, 10 g Bst.

Feuriger Kartoffeltopf

Zutaten für 2 Portionen
5 mittelgroße Kartoffeln, 500 g
2 Zwiebeln, 120 g
1 grüne Paprikaschote, 150 g
2–3 Tomaten, 150 g
Saft von 1/4 Zitrone
3 EL Öl, 30 g
ca. 1/2 l Gemüsebrühe
1 Lorbeerblatt, 1 KL Rosenpaprika
1 KL Kräuter der Provence
1 EL Weizenmehl (Type 1050), 10 g
Pfeffer, Jodsalz

Kartoffeln waschen, schälen und in Streifen schneiden. Zwiebeln schälen, würfeln und in heißem Öl anrösten. Paprikapulver darüber streuen und die Kartoffelstreifen dazugeben, kurz anbräunen. Paprika und Tomaten waschen. Paprika in Streifen und Tomaten in Würfel schneiden. Beides zu den Kartoffeln geben. Gewürze und Jodsalz hinzufügen. Mit Gemüsebrühe auffüllen bis alles bedeckt ist und 20–30 Minuten zugedeckt bei niedriger Hitze garen. Zitronensaft zugeben und Mehl zum Binden darüber streuen.
Dazu paßt: Roggenbrötchen.

Pro Portion: 355 kcal, 1475 kJ, 8 g E, 16 g F, 41 g KH, 9 g Bst.

Dampfnudeln – süße Variation

Teigzutaten für 8 Portionen
250 g Weizenvollkornmehl
250 g Weizenmehl (Type 1050)
1 Pck. Trockenhefe, 7 g
5 1/2 EL Zucker, 80 g
1 Pck. Vanillinzucker
1 Pr. Jodsalz
8 EL Butter oder Margarine, 80 g
1 Ei
ca. 1/4 l Milch (1,5 % Fett)

Zutaten zum Garen im Bräter:
3 EL Butter oder Margarine, 30 g
2 EL Zucker, 30 g
1/8 l Milch (1,5 % Fett)
1 Pr. Jodsalz

Aus den Zutaten einen Hefeteig bereiten und gehen lassen, bis er die doppelte Größe erreicht hat. Kleine Kugeln formen, auf ein Backbrett setzen und nochmals gehen lassen. Die Butter oder Margarine in einem Bräter schmelzen, Milch, Jodsalz und Zucker dazugeben. Die Dampfnudeln hineinsetzen und bei geschlossenem Deckel gar ziehen lassen, bis die ganze Flüssigkeit verdampft ist (mittlere Hitze, ca. 20 Minuten).

Dazu paßt: Backobst oder Vanillesoße.

Pro Portion: 400 kcal, 1680 kJ, 10 g E, 15 g F, 57 g KH, 5 g Bst.

Dampfnudeln – salzige Variation

Teigzutaten für 8 Portionen
250 g Weizenvollkornmehl
250 g Weizenmehl (Type 1050)
1 Pck. Trockenhefe, 7 g
1 Pr. Zucker, 1 Pr. Jodsalz
8 EL Butter oder Margarine, 80 g
1 Ei
ca. 1/4 l Milch (1,5 % Fett)

Zutaten zum Garen im Bräter:
3 EL Butter oder Margarine, 30 g
1 kräftige Pr. Jodsalz
1/8 l Wasser

Zubereitung wie Dampfnudeln – süße Variation

Pro Portion: 330 kcal, 1390 kJ, 9 g E, 14 g F, 42 g KH, 5 g Bst.

TIP:

Sie können – ohne Änderung der Zutatenmengen – in allen Rezepten grundsätzlich Weizenmehl Type 1050 anstatt Type 405 verwenden. Es enthält mehr Vitamine, Mineralstoffe und Ballaststoffe.

Pilzragout mit Naturreis und Tomatensoße

Zutaten für 2 Portionen
150 g Naturreis (Rohgewicht)
1 Zwiebel, 60 g
400 g Champignons (frisch oder aus der Dose)
1 EL Öl, 10 g
2 EL geriebener Käse (45 % F. i.Tr.), 20 g
Tomatensoße mit Basilikum (Rezept S. 123)

Reis nach Packungsanweisung ca. 30 Minuten garen. In der Zwischenzeit Zwiebel schälen, würfeln und zusammen mit den blättrig geschnittenen Champignons in heißem Öl anbraten. Den fertigen Reis untermischen. Falls erforderlich, Wasser oder Gemüsebrühe dazugeben, mit frisch gehackter Petersilie und geriebenem Käse bestreut servieren.

Pro Portion (mit Tomatensoße): 475 kcal, 1990 kJ, 16 g E, 17 g F, 64 g KH, 8 g Bst.

Bunter Hirse-Käse-Auflauf

Zutaten für 2 Portionen
1 Zwiebel, 50 g
1 1/2 EL Öl, 15 g
100 g Hirse
ca. 1/4 l Gemüsebrühe
1 Lorbeerblatt, Pfeffer, Muskat
450 g Mischgemüse (tiefgefroren)
1 Ei
1 EL Maisstärke, 10 g
4 EL fettarme Milch (1,5 % Fett), 60 ml
1 Bd. Petersilie
5 EL Emmentaler (45 % F. i.Tr.), 50 g

Die Zwiebel klein schneiden, in Öl andünsten, Hirse dazu geben, kurz mit anrösten und mit der Gemüsebrühe ablöschen. Gewürze zugeben und ca. 20 Minuten zugedeckt bei niedriger Hitze garen. Das Gemüse 10-15 Minuten in etwas Gemüsebrühe dünsten, mit der Hirse vermischen und in eine gefettete Auflaufform füllen. Die Stärke mit der Milch anrühren, mit den Eiern, der Hälfte des Käses und der gehackten Petersilie verquirlen. Über den Auflauf gießen, mit dem restlichen Käse bestreuen und bei 200 °C ca. 15 Minuten überbacken. Dazu paßt: Salat nach Wahl.

Pro Portion: 510 kcal, 2135 kJ, 24 g E, 22 g F, 54 g KH, 11 g Bst.

Grünkern-Omelette

Zutaten für 2 Portionen

3 Eier
Jodsalz, Pfeffer
100 g gequollener Grünkern
1 1/2 EL Öl, 15 g

Eier verrühren, mit Jodsalz und Pfeffer abschmecken und den Grünkern dazugeben. In heißem Öl ausbacken.

Pro Portion: 265 kcal, 1120 kJ, 3 g E, 7 g F, 15 g KH, 2 g Bst.

Rote Bohnen mit Lauch

Zutaten für 2 Portionen

250 g getrocknete rote Bohnen
30 g Walnußkerne
1–2 Knoblauchzehen
1/2 rote Pfefferschote
2 EL Essig
1 Stange Lauch, 300 g
1/2 Zwiebel, 40 g
1/2 Bd. Petersilie
Koriander, Jodsalz

Bohnen in 1 1/2 Liter Wasser über Nacht einweichen. Im Einweichwasser bei kleiner Hitze ca. 1 Stunde kochen. Walnüsse klein hacken oder mahlen. Mit den zerdrückten Knoblauchzehen, der fein zerriebenen Pfefferschote, Koriander, Jodsalz und dem Essig verrühren. Zu den Bohnen geben und kurz mitkochen. Lauch putzen, waschen und in Ringe schneiden. Zwiebel schälen und würfeln. Die Bohnen mit dem Kartoffelstampfer grob pürieren (einige zum Garnieren übriglassen). Die Hälfte des Lauchs und die Zwiebeln unter die Bohnen rühren. Mit restlichem Lauch und Petersilie bestreuen.

Pro Portion: 465 kcal, 1935 kJ, 32 g E, 12 g F, 57 g KH, 25 g Bst.

TIP:
Mit gerösteten Pinienkernen bestreuen.

Bandnudeln mit Basilikumpaste

Zutaten für 2 Portionen
150 g Bandnudeln
(Rohgewicht; evtl. grüne Nudeln)
40 frische Basilikumblätter
5 Knoblauchzehen
100 g geriebener Parmesankäse
3 EL Olivenöl, 30 g
2 EL Gemüsebrühe, 30 ml

Basilikumblätter und Knoblauchzehen im Mörser oder Mixer pürieren, Olivenöl und Käse hinzufügen und zu einer Paste verrühren. Die gegarten Nudeln („mit Biß") mit der Basilikumpaste vermischen.

Pro Portion: 595 kcal, 2480 kJ, 27 g E, 30 g F, 54 g KH, 3 g Bst.

Frankfurter Grüne Soße mit Pellkartoffeln und Eiern

Zutaten für 2 Portionen
3 hartgekochte Eier
1 Becher Joghurt (1,5 % Fett), 150 g
1 Becher saure Sahne (10 % Fett), 150 g
6 EL gehackte Kräuter (Schnittlauch, Petersilie, Kerbel, Kresse, Borretsch, Sauerampfer, Zitronenmelisse), 30 g
Zitronensaft, Jodsalz, Pfeffer
6 mittelgroße Pellkartoffeln, 400 g

Joghurt und Sahne mit den gehackten Kräutern und den Gewürzen vermischen. Hartgekochte Eier halbieren, Soße darüber verteilen und Pellkartoffeln dazu reichen.

Pro Portion: 430 kcal, 1805 kJ, 20 g E, 24 g F, 32 g KH, 4 g Bst.

Kartoffel-Zucchini-Auflauf

Zutaten für 2 Portionen

4 Kartoffeln, 250 g
1 mittelgroße Zucchini, 200 g
50 g Schafskäse
1 Ei
1/8 l Milch (1,5 % Fett)
1/8 l Gemüsebrühe
1 KL Maisstärkemehl, 5 g
Oregano, Pfeffer, Jodsalz
1 KL Margarine, 5 g,
zum Einfetten der Form

Kartoffeln waschen und schälen, Zucchini waschen und beides in Scheiben schneiden, Schafskäse würfeln, Kartoffel- und Zucchinischeiben in eine gefettete Auflaufform schichten, dazwischen die Käsewürfel verteilen. Ei mit der Milch verrühren. Das Maisstärkemehl in der kalten Gemüsebrühe anrühren und mit den Gewürzen dazugeben. Über den Auflauf gießen und bei 220 ° C ca. 40–50 Minuten backen.

Pro Portion: 250 kcal, 1045 kJ, 14 g E, 11 g F, 23 g KH, 3 g Bst.

Fischgerichte

Kabeljaufilet mit Weizenkörnern und Gemüse

Zutaten für 2 Portionen

120 g Weizenkörner
2 Kabeljaufilets, 300 g
Zitronensaft
1 Zwiebel, 50 g
1 kleine Zucchini, 125 g
1 kleine rote Paprikaschote, 100 g
3 EL Butter oder Margarine, 30 g
Jodsalz, Pfeffer
2 KL gemischte Kräuter

Weizenkörner mit kaltem Wasser zugedeckt über Nacht einweichen, am nächsten Tag im gesalzenen Einweichwasser in 35–40 Minuten weichgaren. Die Kabeljaufilets unter kaltem Wasser abbrausen, mit Küchenpapier trockentupfen und mit Zitronensaft beträufeln.

Zwiebel schälen, in Ringe schneiden. Zucchini waschen und in feine Scheiben schneiden. Paprika waschen, halbieren, entkernen und würfeln.

1 1/2 EL Butter bzw. Margarine zerlassen, die Zwiebelringe, Zucchinischeiben und Paprikawürfel 4–5 Minuten andünsten und würzen. Die abgetropften Weizenkörner und Kräuter unter das Gemüse rühren.

Restliche Butter bzw. Margarine erhitzen und Filets darin von jeder Seite 2–3 Minuten braten. Das Gemüse und den Fisch zusammen anrichten.

Pro Portion: 450 kcal, 1880 kJ, 36 g E, 15 g F, 42 g KH, 9 g Bst.

Fisch, spanische Art

Zutaten für 1 Portion

1 Fischfilet, 150 g
Zitronensaft
4 gefüllte Oliven, 20 g
1/2 rote Paprikaschote, 75 g
1/2 Zwiebel, 30 g
1/2 kleingeschnittene Knoblauchzehe
1 KL Olivenöl, 5 g
2 EL frische oder tiefgefrorene Erbsen, 50 g
1 EL Weißwein, 15 ml
Pfeffer, Paprika, Jodsalz

Fischfilet in Streifen schneiden, mit Zitronensaft beträufeln. Oliven in Scheiben schneiden. Paprikaschote waschen, in Streifen schneiden, Zwiebel schälen und in Ringe schneiden. Oliven, Paprika, Zwiebelringe und Knoblauch im Olivenöl andünsten und in eine Auflaufform geben. Fisch und Erbsen darauflegen, mit Weißwein beträufeln und würzen. Die Form verschließen und im vorgeheizten Backofen bei 200 °C ca. 20 Minuten garen.

Pro Portion: 285 kcal, 1190 kJ, 33 g E, 10 g F, 14 g KH, 6 g Bst.

Szegediner Fischpfanne

Zutaten für 1 Portion

100 g Fischfilet
Zitronensaft
20 g durchwachsenen Speck
1 feingewürfelte Zwiebel, 30 g
200 g Sauerkraut
1 EL Tomatenmark, 15 g
3 EL Wasser, 45 ml
Jodsalz, Pfeffer, Kümmel, Paprika
1/3 Becher Joghurt (1,5% F.), 50 g

Fischfilet waschen, in kleine Würfel schneiden und mit Zitronensaft beträufeln. Speck würfeln, anrösten, Zwiebelwürfel mitrösten, Sauerkraut, Tomatenmark sowie Wasser dazugeben und 15–20 Minuten dünsten. Die Fischwürfel darauflegen und würzen. Das Gericht noch ca. 15 Minuten garen, Joghurt vorsichtig darunterziehen.

Pro Portion: 295 kcal, 1235 kJ, 25 g E, 18 g F, 6 g KH, 5 g Bst.

Fleischgerichte

Staudensellerie mit Schweinefleisch

Zutaten für 2 Portionen
200 g mageres Schweinefleisch
300 g Staudensellerie
2 1/2 EL Sojasoße, 35 g
2 EL Sherry, 30 ml
1/2 EL Speisestärke, 7 g
2 EL Öl, 20 g
1/2 Tasse Wasser, 75 ml
Jodsalz

Schweinefleisch und Staudensellerie in 1 cm breite Streifen schneiden. 1 EL Sojasoße mit Sherry und der Speisestärke verrühren, das Fleisch darin wenden. 1 EL Öl im chinesischen Wok oder in einer Pfanne erhitzen, Staudensellerie hineingeben und ca. 5 Minuten dünsten, herausnehmen und warm stellen. Restliches Öl im Wok oder in der Pfanne erhitzen, das Fleisch darin anbraten. Staudensellerie, Wasser, 1 1/2 EL Sojasoße, 1 EL Sherry und Jodsalz hinzugeben und durchrühren, zudecken und bei geringer Hitze in ca. 10–15 Minuten garen.

Pro Portion: 225 kcal, 940 kJ, 26 g W, 7 g F, 8 g KH, 4 g Bst.

Mexikanisches Hähnchen

Zutaten für 1 Portion
1 Hähnchenkeule, 175 g
Paprika, Pfeffer, Jodsalz
2 KL, Öl, 10 g
1/2 Zwiebel, 30 g
1/2 große Paprikaschote, 100 g
1 gehackte Knoblauchzehe
70 g Maiskörner (Konserve)
50 g rote Bohnen (Konserve)
1 Pr. Cayennepfeffer
1/8 l Gemüsebrühe

Hähnchenkeule würzen, mit etwas Öl einpinseln, grillen oder braten und warm stellen.

In der Zwischenzeit Zwiebel schälen und in Ringe schneiden, Paprikaschote waschen und in Streifen schneiden. Zusammen mit dem Knoblauch im restlichen Öl anschmoren. Mais und Bohnen untermischen, mit Cayennepfeffer würzen. Gemüsebrühe zugießen, aufkochen lassen und die Hähnchenkeule auf das Gemüse legen.

Pro Portion: 400 kcal, 1675 kJ, 32 g E, 21 g F, 21 g KH, 9 g Bst.

Salate

Bunter Salatteller

Zutaten für 1 Portion
1/4 Salatgurke, 100 g
1 rote Paprikaschote, 150 g
6 Oliven, 30 g
1 Frühlingszwiebel, 20 g
2–3 EL Maiskörner (Dose), 50 g
50 g Schafskäse
2 EL Essig, 30 ml
1 KL Öl, 5 g
1 EL Joghurt (1,5 % Fett), 20 g
1 KL Senf, 5 g
Pfeffer, Basilikum, Jodsalz

Das Gemüse waschen, putzen und klein schneiden. Schafskäse in kleine Würfel schneiden und mit dem Gemüse, den Oliven und Maiskörnern vermischen. Aus den übrigen Zutaten eine Salatsoße bereiten und über den Salat gießen.

Dazu paßt: Vollkornbrot.

Pro Portion: 275 kcal, 1150 kJ, 13 g E, 18 g F, 13 g KH, 7 g Bst.

Sprossen-Salat

Zutaten für 1 Portion
2 große Tomaten, 200 g
30 g Keimlinge (z. B. Linsen, Mungbohnen, Weizen, Kresse)
Saft von 1/2 Zitrone
1/2 Becher Joghurt (1,5 % Fett), 75 g
1 Pr. Jodsalz und 1 Pr. Zucker
1 KL Öl, 5 g

Tomaten waschen und den Stielansatz entfernen. In Scheiben schneiden. Die Keimlinge auf die Tomaten streuen. Aus den übrigen Zutaten eine Salatsoße bereiten und über den Salat gießen.

Pro Portion: 150 kcal, 620 kJ, 5 g E, 7 g F, 14 g KH, 2 g Bst.

Sprossen oder Keimlinge

sind eine Vitaminbereicherung für Salate, Gemüse, Eintöpfe, Suppen, Müslis etc. Zum Keimen eignen sich alle Getreidekörner, Hülsenfrüchte und die Samen von Luzerne (= Alfalfa), Rettich, Sesam oder Sonnenblumenkerne. Für 100 g Sprossen ca. 2 EL Körner/Samen und die doppelte Wassermenge in ein Konfitürenglas geben. Mit Plastikfliegendraht (= Gaze) und Gummiring verschließen, über Nacht quellen lassen, dann in ein Sieb schütten und unter fließendem Wasser gründlich spülen. Körner oder Samen wieder ins Glas geben, verschließen und kopfüber schräg stellen, damit Restwasser abfließt. An einen hellen Platz mit Zimmertemperatur stellen.
Abends wieder spülen. Diesen Vorgang 3-4 Tage, je nach Art der Körner bzw. Samen, wiederholen.
Die Sprossen vor dem Verzehr 5 Minuten blanchieren.

Nachspeisen

Obstsalat „oriental"

Zutaten für 2 Portionen
1 Apfel, 120 g
1 Apfelsine, 150 g
6 Walnußkernhälften
4 Datteln, 30 g
4 Feigen, 30 g
1 KL Honig, 10 g
2 KL Zitronensaft, 10 ml

Apfel waschen, mit der Schale klein schneiden. Apfelsine schälen und in Stücke schneiden. Walnußkerne hacken, Datteln und Feigen klein schneiden und alles mischen. Mit Zitronensaft und Honig abschmecken.

Pro Portion: 250 kcal, 1045 kJ, 3 g E, 5 g F, 47 g KH, 9 g Bst.

Terrine von frischen Beeren

Zutaten für 2 Portionen
je 100 g Himbeeren, Brombeeren, Erdbeeren, rote Johannisbeeren, frisch oder tiefgefroren,
400 ml Apfelsaft
8 Blatt rote Gelatine, 16 g

Beeren vorbereiten. Apfelsaft erhitzen und die eingeweichte Gelatine darin nach Vorschrift auflösen. In einer gekühlten Schüssel nahezu erkalten lassen. Eine gekühlte Kastenform mit ein wenig Saft aufgießen, fest werden lassen. Einen Teil der Beeren einfüllen, mit etwas Saft begießen. Restliche Beeren einfüllen, mit dem Rest des Saftes übergießen und im Kühlschrank mindestens eine Stunde kaltstellen. Auf eine längliche Platte stürzen und in Scheiben geschnitten servieren.

Dazu passt: Vanillesoße oder Fruchtsoße.

Pro Portion: 265 kcal, 1105 kJ, 8 g E, 1 g F, 53 g KH, 2 g Bst.

Westfälische Quarkspeise

Zutaten für 2 Portionen

6 EL Speisequark (Magerstufe), 180 g
6–7 EL Milch (1,5 % Fett), 100 ml
2 KL Zucker, 10 g
4 EL Sauerkirschen (Konserve), 80 g
2 EL geriebener Pumpernickel, 30 g
2 EL geriebene Schokolade, 20 g
Zimt, Zitronensaft

Quark mit Milch, Zitronensaft und Zucker glatt rühren. Sauerkirschen und geriebenen Pumpernickel unterheben. Mit geriebener Schokolade und Zimt bestreuen.

Pro Portion: 220 kcal, 925 kJ,16 g E, 4 g F, 29 g KH, 1 g Bst.

Knusprige Möhrenflocken

Zutaten für 2 Portionen

3 geh. EL grobe Haferflocken, 30 g
1 KL Walnußöl oder anderes Öl, 5 g
1 EL Sonnenblumenkerne, 10 g
1 KL Zucker, 5 g
1 große Möhre, 100 g
1/2 Apfel, 50 g
1/2 Becher Joghurt (1,5 % Fett), 75 g
2 EL Milch (1,5 % Fett), 30 ml
1 KL Honig, 10 g

Haferflocken in einer mit Öl ausgepinselten Pfanne goldbraun rösten. Sonnenblumenkerne hinzufügen und weiter rösten. 1 Kaffeelöffel Zucker darüber streuen und vorsichtig mitbräunen. Masse abkühlen lassen. Möhre und Apfel schälen und raspeln. Mit der Haferflockenmasse vermengen und in eine Schale geben. Joghurt mit Milch und Honig glattrühren und darüber gießen.

Pro Portion: 180 kcal, 755 kJ, 5 g E, 7 g F, 23 g KH, 3 g Bst.

Weintraubenbecher

Zutaten für 2 Portionen

150 g Weintrauben
1/2 Becher Joghurt (1,5 % Fett), 75 g
2 EL Speisequark (Magerstufe), 50 g
Zitronensaft
1 EL Zucker, 15 g
Vanillinzucker nach Geschmack
3 EL kernige Haferflocken, 30 g
1 KL Sesamsamen, 5 g
1 KL Butter, 5 g
1 KL Zucker, 5 g

Weintrauben waschen, halbieren, entkernen. Joghurt mit dem Quark, Zitronensaft und Zucker verrühren. Haferflocken unter ständigem Rühren in der heißen Butter goldgelb rösten und die Sesamsamen dazugeben. Mit einem Kaffeelöffel Zucker bestreuen und weiter rösten. In Gläser schichtweise Weintrauben, Joghurtmasse und geröstete Haferflocken/Sesamsamen geben.

Pro Portion: 225 kcal, 935 kJ, 8 g E, 5 g F, 36 g KH, 2 g Bst.

Gebäck

Kastenkuchen mit Pfirsichen

Zutaten für 12 Stück

100 g Butter oder Margarine
100 g Honig
2 Eier
1 Pck. Vanillinzucker
4 Tropfen Backöl Zitrone
1 Pr. Jodsalz
200 g Weizenvollkornmehl
2 KL Backpulver, 10 g
1–4 EL Milch (1,5 % Fett), 15–60 ml
4–6 Pfirsichhälften (Dose), 200–300 g

Für den Teig Butter bzw. Margarine schaumig rühren. Honig, Eier, Vanillinzucker, Backöl und Jodsalz hinzugeben. Mehl mit dem Backpulver mischen, abwechselnd mit der Milch zum Teig geben und gut unterrühren.

In eine gefettete oder mit Backpapier ausgelegte Kastenform geben. Je nach Größe der Kastenform 4–6 abgetropfte Pfirsichhälften in den Teig setzen. Bei 190 ° C 40 Minuten backen.

Pro Stück: 175 kcal, 725 kJ, 3 g E, 8 g F, 21 g KH, 2 g Bst.

Kernige Plätzchen

Zutaten für 80 Stück

500 g kernige Haferflocken
250 g Butter oder Margarine
150 g Zucker
2–3 Eier
1 KL Backpulver, 5 g
50 g Weizenvollkornmehl

Das Fett kochend heiß werden lassen. Die Haferflocken zugeben, umrühren und die Masse erkalten lassen. In der Zwischenzeit Zucker und Eier schaumig rühren, das mit dem Backpulver gemischte Mehl dazugeben und alles unter die Haferflocken rühren. Mit zwei Kaffeelöffeln kleine Plätzchen auf ein gefettetes oder mit Backpapier ausgelegtes Backblech setzen und im vorgeheizten Backofen bei 180–190 ° C ca. 15 Minuten backen. Die Plätzchen sollen hellgelb und noch weich sein. Sofort mit einem Pfannenmesser vom Blech nehmen.

Pro Stück: 60 kcal, 245 kJ, 1 g E, 3 g F, 6 g KH, 1 g Bst.

Rosinenbrötchen

Zutaten für 10 Stück

200 g Weizenvollkornmehl
300 g Weizenmehl (Type 1050)
1 Pck. Trockenhefe, 7 g
1 KL Zucker, 5 g
1/4 l Milch, (1,5 % Fett)
75 g zerlassene Butter oder Margarine
2 EL Zucker, 30 g
1 Pck. Vanillinzucker
1 Pr. Jodsalz
150 g Rosinen

Aus den Zutaten einen Hefeteig bereiten (s. Pizzateig, S. 126), gut durchkneten. Den Teig gehen lassen, bis sich das Volumen verdoppelt hat. Zehn gleichgroße Kugeln formen, auf ein gefettetes oder mit Backpapier ausgelegtes Backblech setzen, etwas platt drücken. Nochmals gehen lassen, anschließend auf mittlerer Schiene bei 200 ° C ca. 15 Minuten backen.

Pro Stück: 290 kcal, 1205 kJ, 7 g E, 8 g F, 48 g KH, 4 g Bst.

Zwetschgentaler

Zutaten für 20 Stück (1 Blech)
200 ml Milch (1,5 % Fett)
50 g Butter oder Margarine
1/2 Würfel Hefe, 20 g
1 gestr. KL Zimt, 3 g
2 EL Honig, 40 g
1 Eigelb
350 g Weizenvollkornmehl
Belag: 600 g Zwetschgen, Zimt

Milch erwärmen, Hefe und Butter oder Margarine darin auflösen. Die übrigen Zutaten untermengen. Den Teig an einem warmen Ort ca. 30–60 Minuten gehen lassen, bis sich das Volumen verdoppelt hat. Das Blech mit Butter oder Margarine bestreichen und mit Mehl bestreuen. Handtellergroße runde Fladen auf dem Blech ausstreichen. Mit entkernten Zwetschgen-Vierteln belegen, mit Zimt bestreuen, bei 200 ° C auf der mittleren Schiene ca. 25 Minuten backen.

Pro Stück: 100 kcal, 425 kJ, 3 g E, 3 g F, 15 g KH, 2 g Bst.

Waffeln

Zutaten für 15 Stück
125 g Butter oder Margarine
4 Eier
250 g Weizenvollkornmehl
1 KL Backpulver, 5 g
2 Becher Joghurt (1,5 % Fett), 300 g
1 Pck. Vanillinzucker
1 Pr. Jodsalz
Saft einer halben Zitrone
evtl. etwas Milch

Weiche Butter oder Margarine schaumig rühren. Eier trennen. Eigelb dazugeben und weiter rühren, bis eine schaumige Masse entstanden ist. Joghurt und das Mehl-Backpulver-Gemisch abwechselnd zufügen, zuletzt Vanillinzucker, Jodsalz und Zitronensaft. Falls der Teig zu fest ist, noch etwas Milch zufügen, bis die richtige Konsistenz (dickflüssig, geschmeidig) erreicht ist. Den Teig ca. 20 Minuten quellen lassen, dann den steif geschlagenen Eischnee unterheben. Im vorgeheizten Waffeleisen backen.

Dazu paßt: Kompott, Vanillesoße

Pro Stück: 150 kcal, 630 kJ, 5 g E, 9 g F, 12 g KH, 2 g Bst.

Eigene Rezeptideen:

Literaturverzeichnis

Willst Du gesund sein? – Vergiß den Kochtopf!
Helmut Wandmaker
Waldthausen Verlag, Ritterhude
3. Auflage 1990

Die Rohkosttherapie
Guy-Claude Burger
Heyne Verlag, München
6. Auflage 1992

Vollwert-Ernährung
Karl W. von Koerber, Thomas Männle, Claus Leitzmann
Karl F. Haug Verlag, Heidelberg
8. überarbeitete Auflage 1994

Biologischer Ratgeber für Mutter und Kind
Max Otto Bruker, Ilse Gutjahr
emu-Verlagsgesellschaft, Lahnstein
5. Auflage 1987

Unsere Nahrung unser Schicksal
Max Otto Bruker
emu-Verlagsgesellschaft, Lahnstein
26. Auflage 1994

Original Haysche Trennkost
Dr. med. L. Walb, Dr. med. Th. Heintze, P. Lehmann
Karl F. Haug Verlag, Heidelberg
44. überarbeitete Auflage 1996

Trennkost aus ärztlicher Sicht
Thomas M. Heintze
Falken-Verlag, Niedernhausen
1. Auflage 1996

Fit durch Trennkost
Ursula Paschen
Heyne Verlag, München
1. Auflage 1993

Fit fürs Leben – Fit for Life
Harvey und Marilyn Diamond
Goldmann Verlag, München
13. Auflage 1991

Ernährungskunde aus anthroposophischer Erkenntnis
Udo Renzenbrink
Philosophisch-Anthroposophischer Verlag, Bad Liebenzell
3. Auflage 1988

Lebensmittelqualität und bewußte Ernährung
Petra Kühne
Verlag Freies Geistesleben, Stuttgart
1. Auflage 1985

Wegweiser in die Makrobiotik
Ilse Clausnitzer
Drei Eichen Verlag, München
5. Auflage 1979

Makrobiotisch ohne Mühe
Aveline Kushi; Wendy Esko
pala-Verlag, Darmstadt
1. Auflage 1993

Die Ajurveda Küche
Amadea Morningstar; Urmila Desai
Heyne Verlag, München
1. Auflage 1991

Die köstliche Küche des Ayurveda
Dr. med. Ernst Schrott
Mosaik Verlag, München
1. Auflage 1995

Die Zusammensetzung der Lebensmittel. Nährwerttabellen.
S. W. Souci, W. Fachmann, H. Kraut
medpharm GmbH Scientific Publishers,Stuttgart,
5. Auflage 1994

Nährstoffe in Lebenmitteln: Die Große Energie- und Nährwerttabelle
Beate Heseker, Jelmut Heseker
Umschau Verlag, Frankfurt/Main
1. Auflage 1993

Schriften der DGE

Faltblatt:
Vollwertig essen und trinken nach den 10 Regeln der DGE
1. Auflage 1989
5. Nachdruck 1997
Art.-Nr. 122402
DM 1,00

In diesem Faltblatt geben wir Ihnen knapp und verständlich Empfehlungen für vollwertiges Essen und Trinken, für die richtige Auswahl und Zubereitung von Lebensmitteln. Viele Tips und konkrete Mengenangaben erleichtern Ihnen die Umsetzung einer vollwertigen Ernährung im Alltag.

Die Nährstoffe – Bausteine für Ihre Gesundheit
1. Auflage 1994
84 Seiten
Art -Nr. 120500
DM 9,00

Die Broschüre informiert Sie über die Aufgaben und Funktionen einzelner Nährstoffe in unserem Körper und erläutert die Empfehlungen der DGE für die tägliche Nährstoffzufuhr. Damit Sie diese Empfehlungen leichter umsetzen können, geben wir Ihnen die Lebensmittel an, die besonders reich an dem jeweiligen Nährstoff sind. Außerdem erhalten Sie Beispiele für eine optimale Speiseplangestaltung.

Vollwertig essen mit Eintöpfen und Aufläufen
1. Auflage 1988
Nachdruck 1992
36 Seiten
Art.-Nr. 122700
DM 5,00

Die Broschüre gibt Ihnen viele Anregungen für eine vollwertige Ernährung. Insgesamt 30 schmackhafte Rezepte für Eintöpfe und 14 Rezepte für Aufläufe machen Appetit, die Anregungen praktisch umzusetzen.

Vollwertig essen mit Fisch
2. Auflage 1994
48 Seiten
Art.-Nr. 122800
DM 5,00

Fisch, z. B. Seefisch, schmeckt nicht nur gut, er besitzt wertvolle Inhaltsstoffe, wie Jod oder wichtige Fettsäuren. Gute Gründe, öfter einmal Fisch zu essen, wenn Sie nur mehr Ideen für die Zubereitung hätten. Die Broschüre der DGE liefert Ihnen 49 schmackhafte Fischrezepte, die einfach zuzubereiten sind. Da kommt keine Langeweile auf.

Vollwertig essen mit Schrot und Korn
1. Auflage 1992
48 Seiten
Art.-Nr. 122900
DM 5,00

„Körnerfutter schmeckt doch nicht!" Dieses vorschnelle Urteil können Sie jetzt entkräften. Die Broschüre gibt Ihnen 58 Rezepte an die Hand, wie Sie Kritiker überzeugen, Vollkornliebhaber mit leckeren Gerichten überraschen und gemeinsam vollwertig schlemmen können. Haben wir Ihren Appetit geweckt?

Ballaststoffreich Essen
1. Auflage 1996
128 Seiten
Art.-Nr. 121500
DM 8,00

Vollwertige, ballaststoffreiche Ernährung beugt Verdauungsproblemen und verschiedenen ernährungsmitbedingten Krankheiten vor. Aber nicht nur das: Mit „Ballaststoffreich Essen" können Sie leichter abnehmen und Ihr Körpergewicht halten, denn ballaststoffreiche Lebensmittel haben – richtig zubereitet – wenig Kalorien und sättigen gut.
In dieser DGE-Broschüre erfahren Sie Wissenswertes über Ballaststoffe, ihren Gehalt in Lebensmitteln und ihre Wirkungen. Zahlreiche Rezepte für Salate, Snacks, Aufläufe, vegetarische Gerichte, Gebäck und Desserts verführen zum Ausprobieren. Die Tagesspeisepläne und Menüs sind für eine normale und kalorienarme Kost gestaltet. Damit können Sie ohne Hunger abnehmen.

Empfehlungen für die Ernährung von Mutter und Kind
Forschungsinstitut für Kinderernährung (März 1996)
27 Seiten
Art.-Nr. 920404
DM 2,50

Während Ihrer Schwangerschaft kommt es zu tiefgreifenden Veränderungen Ihres Körpers. Die zunehmenden Ansprüche Ihres Kindes an Nährstoffe und Energie müssen Sie bei der Ernährung berücksichtigen. Die Broschüre informiert Sie knapp und verständlich über die richtige Ernährung während der Schwangerschaft und Stillzeit. Sie gibt Ihnen außerdem praktische Tips fürs Stillen.

Von Anfang an
DGE und BZgA
3. Auflage 1995
60 Seiten
Art.-Nr. 400403
DM 3,00

Die Broschüre ist ein umfassender Ratgeber für junge Eltern. Sie beantwortet Ihnen viele Fragen der Ernährung von Säuglingen und Kleinkindern bis zum 3. Lebensjahr, z. B.: Wie lange kann ich stillen? Ist selbst hergestellte Beikost besser als gekaufte? Ab wann verträgt mein Kind Rohkost?

Empfehlungen für die Ernährung von Klein- und Schulkindern
Forschungsinstitut für Kinderernährung (Dezember 1994)
31 Seiten
Art.-Nr. 920402
DM 2,50

Was sollten Kinder und Jugendliche essen, damit sie sich optimal entwickeln? Wie sieht ein gesunder Speiseplan aus? Die Broschüre gibt Eltern Anregungen für die richtige Lebensmittelauswahl und -zusammenstellung sowie für das richtige Eßverhalten der Kinder.

Iss was?
DGE und BZgA
3. Auflage 1994
40 Seiten
Art.-Nr. 400400
DM 3,00

Ein Magazin für Kids über Essen, Trinken und alles, was Euch sonst noch interessiert! Es gibt viel zu lesen, zu sehen, auszuprobieren und zum Nachdenken über richtiges Essen und Trinken, zur Freizeitgestaltung und zum Umweltschutz.

Top fit – Ernährungstips für junge Leute
DGE und BZgA
1. Auflage 1986
4. Nachdruck 1995
27 Seiten
Art.-Nr. 400401
DM 2,00

Top fit im Alltag und beim Sport zu sein, Schönheit zu besitzen, die von innen kommt. Wer möchte das nicht? Die Broschüre zeigt Ihnen, wie Sie diese Ziele erreichen können. Außerdem gibt sie Ihnen Tips für die tägliche Ernährung und erklärt, warum Sie was in welcher Menge essen und trinken sollten.

Empfehlungen für die Ernährung von jungen Singles
Forschungsinstitut für Kinderernährung
1. Auflage 1997
31 Seiten
Art.-Nr. 920409
DM 2,50

Endlich die eigenen vier Wände! Aber was brauche ich alles, in meiner ersten Küche? Was sollte ich essen und trinken, um mich wohl zu fühlen und fit zu bleiben? Wie kann ich Langeweile beim täglichen Essen vermeiden?
Die Broschüre gibt viele Tips für die Ausstattung des ersten Haushaltes und Rezepte für die tägliche Ernährung.

Gesund essen und gemeinsam abnehmen
Forschungsinstitut für Kinderernährung 1994
74 Seiten
Art.-Nr. 920408
DM 3,00

Die Broschüre zeigt Familien mit und ohne Gewichtsproblemen anhand von Tagesspeiseplänen mit verschiedenen Kalorienstufen (1000, 1500 und 1800 kcal), wie eine gesundheitsfördernde Ernährung für Kinder und Eltern umgesetzt werden kann.

Der Mensch ist, was er ißt!
DGE und BZgA
1. Auflage 1994
56 Seiten
Art.-Nr. 400402
DM 3,00

Die Broschüre ist ein Ratgeber für alle, die eine sogenannte ernährungsmitbedingte Krankheit haben, wie Fettstoffwechselstörungen, Zuckerkrankheit, Übergewicht, Bluthochdruck oder Gicht.
Sie erklärt die Ursachen der jeweiligen Krankheit und zeigt Möglichkeiten auf, wie Sie den Krankheitsverlauf günstig beeinflussen können.

Leichte Vollkost
5. überarb. Auflage 1993
80 Seiten
Art.-Nr. 121802
DM 6,00

Eine leichte Vollkost kann Krankheitsbeschwerden von Magen, Leber, Galle, Darm und Bauchspeicheldrüse verringern und so mit einfachen Mitteln zu Ihrem Wohlbefinden beitragen.
Die Broschüre enthält Menüvorschläge für 14 Tage, sowie 80 Rezepte mit Energie- und Nährstoffangaben.

Essen und Trinken bei Gicht
2. Auflage 1998
116 Seiten
Art.-Nr. 121703
DM 6,00

In der Broschüre erfahren Betroffene, wie sie sich schmackhaft ernähren und wirkungsvoll vor einem Gichtanfall schützen können. Menüvorschläge für 14 Tage, 85 Rezepte für Normal- und Übergewichtige lassen keine Langeweile aufkommen. Die enthaltene Tabelle mit Angaben zum Energie- und Harnsäuregehalt von Lebensmitteln ist eine Orientierungshilfe für die richtige Lebensmittelauswahl.

Empfehlungen für die Ernährung bei Kuhmilcheiweiß-Allergie
Forschungsinstitut für Kinderernährung (Januar 1994)
20 Seiten
Art.-Nr. 920407
DM 2,50

Milch ist ein unverzichtbares Lebensmittel, weil es reich an Nährstoffen, wie Calcium, ist. Was sollten Sie daher beachten, wenn Sie oder Ihr Kind keine Milch vertragen, weil eine Allergie gegen das enthaltene Eiweiß besteht? Die Broschüre beantwortet diese Frage und zeigt Ihnen anhand von Tagesspeiseplänen und Rezepten Alternativen auf, wie Sie sich ausreichend mit den wertvollen Bestandteilen der Milch versorgen können. Dabei werden vor allem die besonderen Bedürfnisse von Säuglingen, Klein- und Schulkindern berücksichtigt.

DGE-Infothek

Art.-Nr. 123001	Ernährungsempfehlungen zur Verminderung des Krebsrisikos
Art.-Nr. 123003	Leichte Vollkost
	Essen und Trinken
Art.-Nr. 123004	– bei chronischer Verstopfung
Art.-Nr. 123005	– für Gichtkranke
Art.-Nr. 123020	– bei Zöliakie/Sprue
Art.-Nr. 123021	– bei Milchzuckerunverträglichkeit
Art.-Nr. 123022	– bei Fettstoffwechselstörungen
Art.-Nr. 123023	– bei Osteoporose
Art.-Nr. 123024	– bei Lebensmittelallergien
Art.-Nr. 123002	– für Krebskranke
Art.-Nr. 123025	– für Zuckerkranke mit Typ-2-Diabetes
Art.-Nr. 123026	– Trinkempfehlungen für Breitensportler

pro Stück DM 1,00

Versandkosten werden gesondert berechnet
Preisänderungen vorbehalten

Bestelladresse
Deutsche Gesellschaft für Ernährung e. V.
Postfach 93 02 01
60457 Frankfurt am Main
Fax: 0 69-97 68 03 99

Die Deutsche Bibliothek –
CIP-Einheitsaufnahme

Richtig essen: vollwertig genießen nach den Richtlinien der Deutschen Gesellschaft für Ernährung/[Autor: Deutsche Gesellschaft für Ernährung e.V. (DGE), Frankfurt am Main, Referat Ernährungsberatung und B. Dohmen.
Red.: G. Franz ...
Fotogr.: M. Lubelski ...]. –
1. Aufl. – Heidelberg:
Umschau/Braus, 1998
ISBN 3-8295-7100-3

Herausgeber:
© 1998 Umschau Braus GmbH
Verlagsgesellschaft, Heidelberg

Autor:
Deutsche Gesellschaft für Ernährung e.V. (DGE), Frankfurt am Main, Referat Ernährungsberatung und B. Dohmen

Die Entwicklung wurde gefördert durch die Bundeszentrale für gesundheitliche Aufklärung im Auftrag des Bundesministeriums für Gesundheit.

Rezepte:
Team Ernährung und Referat Ernährungsberatung der DGE

Wissenschaftliche Beratung:
Prof. Dr. med. G. Wolfram

Redaktion:
G. Franz, Dr. E. Luttermann-Semmer, Dr. H. Oberritter

Fotografie:
M. Lubelski, Dr. H. Oberritter
Titelfoto: Deutsche Gesellschaft für Ernährung e.V.

Grafische Gestaltung:
Hagen Mannhardt GmbH, Köln
Umschau Braus GmbH
Verlagsgesellschaft, Heidelberg

Gestaltung:
Karin Kern, Utting

Satz und Umbruch:
Karin Kern, Utting
Walter Spiegel, Pfaffing-Rettenbach

Litho:
MultiByte, München

Druck und Verarbeitung:
Westermann, Zwickau

1. Auflage 1998
ISBN 3-8295-7100-3